L'ALCALDE DE ZALAMEA,

DRAME.

ACTE PREMIER.

SCENE PREMIERE.

ISABELLE, INES.

(*Elles sont assises : Inès brode des manchettes, Isabelle fait du filet.*)

INES.

Quelle heure est-il ?

ISABELLE, *regardant vers la fenêtre.*

Il est près de quatre heures..... Il y a sûrement quelque chose de nouveau, car mon pere & mon frere tardent aujourd'hui plus qu'ils n'ont coutume.

INES.

Ma cousine, ton frere m'avoit promis d'être ici de très-bonne heure.

ISABELLE.

Le passage des Troupes qui vont au couronnement du Roi à Lisbonne, est peut-être la cause de son retard.

INES.

Cela est très-possible.

A 2

ISABELLE.

La douce tranquillité où nous vivons ici ne me fait défirer en aucune maniere d'en voir troubler la folitude.

INES.

Peut-être auffi mon oncle aura-t-il eu befoin de lui.. Les terres où l'on fait la récolte font fi voifines du grand chemin, qu'il peut avoir defiré de faire ferrer ce qui étoit coupé.

ISABELLE.

Il a eu fûrement de bonnes raifons.,... Ton ouvrage avance-t-il !

INES, *fe levant*, & *lui apportant fon ouvrage*.
Tiens ,.... regarde.

ISABELLE , *gaiement* & *finement*.
Tu es d'une grande diligence ;.... c'eft que tu as un objet.

INES.

Toujours de la plaifanterie... Pour toi, tu as fçu garder ton cœur.

ISABELLE.

Soit infenfibilité, foit obéiffance aveugle aux volontés de mon pere, foit peut-être la maniere dont il m'a élevée, & l'extrême confiance que j'ai en lui, tout en un mot contribue à m'ôter toute idée fur cet objet.

INES.

C'eft un homme bien étonnant que mon oncle... Il a beau être bon, familier, il m'en impofe ;.. il y a je ne fçais quoi dans fes difcours...

ISABELLE.

Qui te fubjugue. C'eft de même à mon égard, ma coufine ; avec cela, avoue-le, il eft impoffible de ne pas l'aimer., & de ne pas defirer d'être toujours avec lui... Il y a tant à gagner.

INES.

Je ne puis me figurer qu'il ne me deftine pas fon fils ; ... du moins il nous l'a fait entendre : hé bien quoiqu'il voye combien nous nous aimons, fon fils & moi,... nous n'avons pu prendre fur nous de le faire expliquer tout-à-fait.

L'ALCALDE

DE
ZALAMEA,

DU THEATRE ESPAGNOL
De Dom PEDRO CALDERON de la
BARCA.

DRAME.

EN CINQ ACTES,

ET EN PROSE.

A PARIS,

Chez DIDOT, l'aîné, Imprimeur
& Libraire, Rue Pavée.

M. DCC. LXXVIII.

h.

3

ACTEURS.

PEDRO CRESPO, Laboureur.

JUAN, Fils de Crespo.

ISABELLE, fille de Crespo.

INES, Niece de Crespo.

DOM LOPE DE FIGUERA, Lieutenant-Général & Colonel en Espagne.

DOM LOUIS, son fils, Capitaine dans son Régiment

REBOLLEDO, Sergent, & confident de Dom Louis.

LE GREFFIER de la Justice de Zalamea.

UN SOLDAT, du Régiment de Figuéra.

UN TAMBOUR, du Régiment de Figuéra.

PAYSANS servant de Records au Greffier.

La Scene est au Bourg de Zalamea, sur le Rio-Tinto, dans l'Andaloufie. L'action se passe après l'abdication de Charles-Quint, lorsque Philippe II alloit se faire couronner à Lisbonne.

Le Théâtre représente l'intérieur de la maison de Crespo, deux grandes portes au fond, & une de chaque côté du Théâtre: dans celle à droite sera logé Dom Lope.

SCENE II.

ISABELLE, INES, CRESPO.

(Elles se levent & quittent leur ouvrage.)

CRESPO.

Bon soir, mes enfans, bon soir ; vous n'avez pas été inquiettes, je l'espere ?

ISABELLE, *tendrement.*

Vous voilà ; c'est tout ce que nous désirions.

CRESPO.

J'ai diné avec les moissonneurs.

INES, *regardant du côté de la porte avec inquiétude.*

Et mon cousin ?

CRESPO.

Je ne sçais ce qu'il est devenu. Il y a plus de deux heures qu'il m'a quitté. J'ai resté à l'aire pour voir la récolte, c'est le plus beau spectacle du monde. A voir de loin de tas de gerbes & de grains, on diroit des montagnes d'or... On étoit occupé à vanner, je me suis beaucoup amusé à voir tomber la paille d'un côté & le grain de l'autre.... Ensuite j'ai voulu faire tout enlever avant que les troupes qui doivent passer fussent arrivées.

ISABELLE.

C'est ce que ma cousine a pensé.

CRESPO.

Quelque discipline qu'on fasse observer aux soldats, le mal se fait bien vîte.

INES. (*Elle a regardé pendant toute la scene si Juan arrive.*)

Ah ! voilà mon cousin.

SCENE III.

CRESPO, ISABELLE, INES, JUAN.

CRESPO.

Bon jour, mon fils. J'ai toujours resté où tu m'as laissé. Tout est serré... & toi, qu'as-tu fait ?

JUAN, *embarrassé.*

Je n'ose presque vous le dire, de crainte de vous fâcher... J'ai été jouer deux parties de longue paume, & je les ai perdues.

CRESPO, *gaiement.*

Il n'y a pas de mal à cela si vous les avez payées.

JUAN.

Comment aurois-je fait ? Je n'ai point d'argent, mon pere, & je viens vous prier de m'en donner.

CRESPO, *toujours gaiement.*

Mon fils, permettez-moi de vous donner deux petits conseils. Le premier est de ne jamais promettre ce que vous n'êtes pas sûr de pouvoir tenir; le second est de ne pas jouer plus que vous n'avez sur vous : en les suivant, vous ne ferez jamais tort à votre réputation.

JUAN, *gaiement.*

A merveille, mon pere ; vos conseils sont excellens. Souffrez que, par reconnoissance, je vous en donne un à mon tour ; c'est de ne point donner d'avis à quelqu'un qui n'a pas le sou dans sa poche.

CRESPO.

C'est à propos.. Je le mérite bien.. Tiens.. prends..
(*Il lui donne sa bourse : Juan veut prendre dedans ce
                    qu'il lui faut.*)
Non, je te la laisse telle qu'elle est.

ISABELLE.

Mon frere, il y a grand plaisir à recevoir des leçons si galamment.

INES.

Mon oncle n'en fait jamais d'autres.

CRESPO.

Point de compliment. J'ai fait mon métier ; il a fait le sien.

———————————————

SCENE IV.

CRESPO, JUAN, ISABELLE, INES

REBOLLEDO *portant une petite valise sur une épaule, & ayant un billet à la main.*

REBOLLEDO.

Est-ce ici la maison de Pedro Crespo ?

CRESPO.

Oui. Qu'est-ce que vous lui voulez.

REBOLLEDO.

Je veux lui remettre ce billet.

CRESPO *lisant.*

Je sçais ce que c'est.

REBOLLEDO.

Et lui laisse ensuite la valise de Dom Louis de Figuéra, Capitaine d'une Compagnie du détachement qui arrive ce soir à Zalamea.

CRESPO.

Cela fuffit. La maifon, & tout mon bien, font au fervice du Roi & de fes Officiers. En attendant qu'on ait préparé l'appartement de Dom Louis, laiffez fa valife ici, & vous lui direz à fon arrivée qu'il fe regarde comme le maître chez moi.

REBOLLEDO, *pofant la valife à la droite du théâtre, & regardant Ifabelle.*

(*à part.*) Diable! mon maître ne fera pas mal logé. (*haut.*) Soyez fûr qu'il ne tardera pas.

(*Il s'en va, & fixe beaucoup Ifabelle.*)

GRESPO, *le rappellant.*

Quel eft ce Dom Louis de Figuéra!

REBOLLEDO.

C'eft le fils de notre Général, Dom Lope de Figuéra, qui doit auffi paffer par ici, & qui doit prendre fon logement chez votre Alcalde.

CRESPO.

Cela fuffit.

SCENE V.

CRESPO, JUAN, ISABELLE, INES.

(*Juan range les chaifes.*)

CRESPO.

MA fille, le Roi va à Lisbonne pour fe faire couronner; on fait marcher des troupes fous les ordres du brave commandant qu'on appelle Dom Lope de Figuéra, & qui eft, dit-on, le Mars de l'Efpagne. Son fils doit loger ici... Il eft de la décence que des femmes ne paroiffent point devant des militaires.... Ainfi, mes enfans, enfermez-vous dans la chambre à deux lits, ici à côté.... On vous fervira par le petit efcalier. Sur-tout que qui que ce foit ne vous voie.

ISABELLE.

C'étoit notre projet de vous demander cette grace. En nous montrant, nous ferions expofées à entendre des propos qui pourroient ne nous pas convenir. Nous allons nous retirer, & nous enfermer de manière que, d'ici à leur départ, perfonne ne puiffe appercevoir, ni ma coufine, ni moi.

CRESPO.

Cela eft bien... Toi, mon fils, refte avec moi pour veiller à tout, & pour recevoir notre hôte.

ISABELLE, *avant de s'en aller, venant prendre les mains de Crefpo.*

Allons Inès

INES, *s'approchant de Juan.*

Je vous fuis... (*à Juan.*) Mais vous m'aviez promis d'être ici avant trois heures.

JUAN, *tendrement.*

Mille pardons ; ne me grondez pas plus que mon pere ne l'a fait... J'ai eu tort de toutes façons, puisque j'ai été privé du plaisir de vous voir.

INES.

Je vous pardonne... Allons, ma cousine.

SCÈNE VI.

CRESPO, JUAN, REBOLLEDO, *apportant un paquet, & le posant sur la valise.*

REBOLLEDO.

Voila le reste : ayez en soin... Il va arriver.

JUAN.

Tout est aussi en sûreté ici que chez vous-même.

REBOLLEDO, (*à part, en s'en allant.*)

Elles n'y sont plus.

SCÈNE VII.

CRESPO, JUAN.

JUAN.

Je vous admire, mon pere ; riche comme vous êtes, vous vous laissez assujettir à de pareilles servitudes.

CRESPO.

Que ferois-tu à ma place pour t'en exempter ?

JUAN.

J'acheterois des Lettres de Noblesse.

CRESPO.

Dis-moi, y a-t-il quelqu'un dans cette contrée qui ignore que je suis un honnête homme, & né d'honnêtes gens ?...

JUAN.

Non sûrement.

CRESPO.

Qu'est-ce que je gagnerai donc à acheter du Roi des Lettres de Noblesse ? Je n'en serai pas de meilleure race... Dira-t-on que je vaux mieux qu'auparavant ? Tout au contraire, on dira que je me suis ennobli pour un millier de ducats. C'est seulement prouver ;

mon

mon fils, qu'on a de l'argent, ce n'est pas acquérir la Nobleſſe. Crois-moi, mon enfant, l'honneur ne s'achete pas.

JUAN.

Sans doute, mais c'est ſe mettre à couvert d'une vexation.

CRESPO.

Vexation ſi tu veux ; & pourquoi me mettre à couvert d'une contrainte néceſſaire, par un honneur que je n'aurai pas légitimement mérité ? C'est un vice que tous ces nouveaux ennoblis, vice enfanté par le beſoin. Le Gouvernement ſouvent en rougi, & moi je rougirois de même, ſi j'obtenois cette nobleſſe pour des écus. Ne dois-je pas contribuer aux charges de l'Etat, puiſque le haſard m'a mis dans la claſſe des citoyens qui y ſont ſoumis ? Les Nobles paient de leur ſang, nous payons de nos biens, tout doit à l'Etat, & me ſouſtraire ſi facilement à cet impôt, ce ſeroit me faire honte à moi-même.

JUAN.

Mais, mon Pere, je vous en citerois bien des exemples.

CRESPO.

Je m'eſtime mieux moi que tous ceux que tu me pourrois citer... Enfin, je ne veux pas d'un honneur qui ne ſoit point à moi. Mon pere & mon grand pere étoient roturiers ; mes enfans le ſeront auſſi, à moins que, pour quelques actions d'éclat, le Roi ne les ennobliſſe.

JUAN.

Ah ! mon pere, que ne puis-je ſervir ! Je m'en ſens le courage.

CRESPO.

J'ai cru juſqu'ici, mon fils, que tu ne deſirois que de ſuivre l'état de ton pere... Et par la ſuite je te deſtinois Inès

JUAN, (*héſitant & prénant ſon parti.*)

Je ſerai encore plus digne d'elle, lorſque j'aurai, par quelques actions...

CRESPO.

Tu crois donc, mon fils, que c'est une choſe fort aiſée que de parvenir par ſon mérite. Tu es dans l'âge heureux, où l'avenir ſe peint en beau, mais l'expérience te prouvera que, lorſque nous ſommes jettés dans le tourbillon du monde, il faut ou en impoſer aux autres hommes par de fauſſes vertus, ou employer une grande force ſur ſoi-même, pour réuſſir. Je te crois incapable de la premiere choſe, & je ſouhaite que tu aies la ſeconde.

JUAN.

A vous entendre, mon Pere, il ſembleroit que vous ayez couru cette même carriere.

CRESPO.

Non, mon fils ; mais l'âge, la réflexion & l'expérienc

B

ce font trois grands maîtres. Au furplus, je ne fçais pas vous contrarier... Si vous êtes décidé, quelque dure que foit notre féparation, j'y foufcris de bon cœur.

JUAN, *lui baifant la main.*

Ah! mon pere, croyez qu'elle me coûtera autant qu'à vous.

CRESPO.

N'en parlons plus... Nous nous attendririons l'un & l'autre : c'est inutile. Retirons-nous d'ici, Dom Louis

(*Il apperçoit Rebollédo qui entre.*)

va arriver; car voici le même homme. Il faut le laiffer le maître; allons faire préparer tout pour le recevoir.

(*Il fort par l'appartement à gauche.*)

SCENE VIII.

DOM LOUIS, REBOLLEDO.

DOM LOUIS, *regardant la chambre.*

CEst donc ici que je fuis logé... Ah! voici tout mon bagage... Pour un village, la maifon n'eft pas mal.

REBOLLEDO.

Pas mal!... On a logé Monfieur votre pere, Dom Lope, notre Général, chez l'Alcade; mais je défie qu'il foit auffi bien qu'ici... Comme vous m'avez donné ordre de prendre les devants, j'ai pris mes informations. Nous fommes ici chez le plus riche fermier du pays; mais c'est auffi celui qui a le plus d'efprit... On dit qu'il eft plus fier qu'un Infant de Léon.

DOM LOUIS.

C'eft donc un original!

REBOLLEDO.

On ajoute que c'eft un homme d'un grand jugement, quoique tous fes propos femblent n'être que des difcours de payfan.

(*d'un air de confidence.*)

Mais ce que je connois de mieux, c'est un tréfor qu'il a chez lui.

DOM LOUIS, *ironiquement.*

Un tréfor!

REBOLLEDO.

Oui, Monfieur, une perle... C'eft fa fille... Ce n'eft pas par ouï dire... Je l'ai vu, moi qui vous parle... (*à part.*) Si ceci pouvoit me valoir quelque chofe! Car je n'ai pas le fou.

DOM LOUIS, *ironiquement.*

Ce fera quelque payfanne renforcée, qui eft peut-être

aussi ridicule que son pere... Je doute que tu t'y connoisse
beaucoup.

REBOLLEDO, *frappant sur son estomac.*

Foi de brave homme, je vous assure qu'il n'y a pas de
femme à Madrid qui ne voulut avoir sa taille & sa
figure.

DOM LOUIS, *sérieusement.*

Vrai... Tu me donne de la curiosité.

REBOLLEDO.

Il faut qu'elle soit bien belle, puisque malgré mes
chagrins...

DOM LOUIS.

Tu as des chagrins.

REBOLLEDO, *à part.*

Voilà le moment. (*haut, d'un ton piteux.*) Ah !
Monsieur, puisque nous sommes seuls, souffrez que je
vous parle de mes affaires ; j'ai perdu ou mangé tout ;
je n'ai pas le sou. Par pitié, faites-moi quelques avan-
ces sur la route.

DOM LOUIS.

Tiens ; voilà quatre moiëdes.

REBOLLEDO *s'inclinant jusqu'à terre.*

Quelle générosité !

SCENE IX.

DOM LOUIS, REBOLLEDO, JUAN,

JUAN.

Soyez le bien venu, Monsieur. C'est un grand honneur pour mon pere, & pour moi, de recevoir un
homme de votre distinction.

DOM LOUIS.

Bon jour, mon ami.

JUAN.

Vous voudrez bien nous excuser, si nous ne sommes
pas en état de vous mieux loger ; nous desirerions que
cette chaumiere fut un palais, pour qu'elle put vous
convenir davantage. Mon pere, qui veut vous traiter de
son mieux, est allé ordonner le souper, & je vais
lui aider à faire trouver tout ce dont vous & vos gens
pouvez avoir besoin.

DOM LOUIS.

Je suis très-obligé à votre pere, & à vous.... Vous
êtes très-bien logé.

JUAN.

Pas aussi bien que nous le desirerions pour vous rendre ce que nous vous devons.

REBOLLEDO, *d'un ton dur, & montrant la piéce où font Isabelle & Inès.*

Est-ce que vous n'auriez pas pu donner cette piéce ici à côté pour mettre ces effets ?

JUAN, *aigrement.*

Qui vous a dit qu'on peut y loger ! Elle ne peut convenir à perfonne, pas même à vous.

DOM LOUIS, *à Juan.*

Je fuis très bien. (*à Rebolledo.*) De quoi vous mêlez-vous !

JUAN, *fait la révérence.*
Dom Louis & Rebolledo parlent bas.

(*à part.*) A propos de quoi cette question ?... Il y a quelque chofe là-deffous.... Je veux écouter pour m'en éclaircir.

═══════════════════════════════════

SCENE X.

DOM LOUIS, REBOLLEDO, JUAN, *qu'on ne voit pas.*

DOM LOUIS,

DE quoi te mêles-tu ! C'est tyrannifer ces gens-là... Ne fuis-je pas bien !

REBOLLEDO,

J'avois mes raifons.

DOM LOUIS,

Mais, as-tu pris garde.... Il est à merveille.... Sa phifionomie m'a frappé, il a l'air d'avoir eu la meilleure éducation. Ce que je viens de voir, ce que tu viens de me dire, me donne le defir de connoître la sœur.

REBOLLEDO,

Je m'en fuis douté, jeune & galant comme vous êtes.

DOM LOUIS.

Tu as donc réellement vu la belle ?

REBOLLEDO.

Oui, je viens de vous le dire, la premiere fois que je me fuis introduit ici pour prendre votre logement.

DOM LOUIS.

Et où peut-elle être ?

REBOLLEDO,

J'ai tout vifité, j'ai couru de la cave au grenier ; je ne l'ai pas trouvée.

DOM LOUIS.

Ce vieux bon homme l'aura fait cacher.

REBOLLEDO, *d'un air de myftére,*

J'ai demandé à une fervante où elle étoit ; elle m'a dit que fon pere lui avoit ordonné de s'enfermer dans cet appartement ici à côté,.. là,.. dont vous voyez la potre , & de n'en point fortir fous aucun prétexte. Voilà pourquoi je lui ai fait cette queſtion.

DOM LOUIS.

Ah ! j'entends. Il n'y gagnera rien.... Si je l'avois vue , je ne m'en foucierois peut-être pas.... mais puiſqu'il fe méfie de moi , & qu'il la cache , j'en ai le plus grand defir.

REBOLLEDO.

Rien de plus aifé... Voulez vous me charger de vous trouver un moyen ?

DOM LOUIS.

De tout mon cœur.

REBOLLEDO.

Oui... mais qu'eſt-ce que vous me donnerez pour une ſi belle imagination ?

DOM LOUIS.

Tu es le drôle le plus intereſſé de Madrid à Lisbonne. Tiens voilà encore deux moiëdes ; mais dis-moi le bel effort de ton imagination.

REBOLLEDO.

Vous allez faire femblant d'être fort en colere contre moi : je fuirai ; vous me fuivrez l'épée à la main ; je me jetterai contre la porte de cet appartement.... Il faudra qu'elle tienne bien , ſi je ne l'enfonce du premier coup ; vous m'y pourfuivrez , & vous voilà à portée de voir la belle fans qu'on puiſſe vous rien dire.

DOM LOUIS.

L'idée eſt fort plaifante ; je le veux bien. Je me contenterai en me divertiſſant.

REBOLLEDO.

(*bas.*) Allons je vais commencer , préparez-vous. (*très-haut.*) « Vive Dieu ! voilà comme on traite les » pauvres foldats, on leur promet tout... Au diable ſi on » leur tient parole.

DOM LOUIS.

(*très-haut.*) « Comment coquin , tu ofes prendre » ce ton là avec moi ?

REBOLLEDO.

(*très-haut.*) « Comment, morbleu, voulez-vous donc » que je parle ? Voulez-vous m'impofer filence lorfque » j'ai raifon ?

DOM LOUIS.

(*très-haut.*) Attends... attends... « je t'apprendrai à » parler.

REBOLLEDO.

(*bas*) A merveille... (*très-haut.*) « Ah ! ſi j'ofois...

DOM LOUIS.

(*très-haut.*) » Que ferois-tu ?

REBOLLEDO.

(*bas.*) Tirez votre épée , & foncez fur moi... (*très-haut.*) « je vous dirois bien votre fait.

DOM LOUIS, *mettant l'épée à la main.*

(*très-haut.*) « Il faut que je paſſe mon épée au tra-
» vers du corps d'un inſolent comme celui-là.

REBOLLEDO.

(*bas.*) Pourſuivez-moi donc... (*très-haut.*) « Je finis
» mais patience, quand votre pere ſera arrivé.

DOM LOUIS.

(*très-haut.*) « Ah! tu me menaces; tu vas voir.
(*Il le pourſuit.*)

REBOLLEDO, *enfonçant la porte.*

(*très-haut.*) « Meſdames, ſecourez-moi, je vous en
» conjure, ayez pitié de moi.

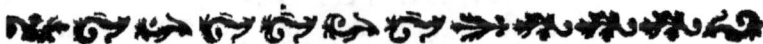

SCENE XI.

DOM LOUIS, REBOLLEDO, ISABELLE, INÉS.

ISABELLE, *ſortant précipitamment.*

Qu'avez-vous à fuir de cette façon ?

INÉS, *ſortant auſſi.*

De quel droit venir de force juſques dans la cham-
où nous ſommes.

REBOLLEDO, *ſe cachant derriere elles ; & tournant
Iſabelle afin que Dom Louis la voye.*

Meſdames, je meurs de peur. Appaiſez-le, je vous
en ſupplie, ou je ſuis un homme mort.

DOM LOUIS.

Oui, je veux tuer ce coquin ſi je l'attrape.

INÉS, *s'enfuyant.*

Au ſecours, au ſecours... Je vais trouver mon oncle
de crainte d'un malheur.

SCENE XII.

ISABELLE, DOM LOUIS, REBOLLEDO.

ISABELLE.

Arrêtez, Monſieur, il s'eſt mis ſous ma protection ;
je ſerois ſurpriſe, ſi un homme tel que vous, manquoit
aux égards qu'il doit à des femmes... & j'eſpere que
vous ne me refuſerez pas... Je vous prie de lui faire
grace.

DOM LOUIS, *remettant ſon épée dans ſon fourreau.*

Il ne falloit pas moins que vos ordres pour le ſauver.
Je lui laiſſe la vie à votre conſidération.

ISABELLE.

Je vous suis , Monsieur , très-obligée.

DOM LOUIS.

C'est la moindre chose que je puisse faire pour la plus belle personne que j'aie vu de ma vie.

ISABELLE , *voyant son pere.*

Ciel ! c'est mon pere.

SCENE XIII.

DOM LOUIS , REBOLLEDO , ISABELLE , INÉS , CRESPO , JUAN.

REBOLLEDO , *à part.*

IL y aura sûrement du tapage.

CRESPO.

Comment donc , Monsieur ! quand je crains de vous trouver massacrant un homme , je vous trouve occupé à en conter à une femme. Il y a bien de la grandeur d'ame à oublier si-tôt votre colere.

DOM LOUIS.

J'avois mes raisons pour être en colere ; mais j'ai oublié toute ma fureur par respect pour cette belle dame.

CRESPO.

Monsieur, elle s'appelle Isabelle , elle est ma fille.... une paysanne, & non pas une belle dame.

JUAN , *à part , avec feu.*

Je ne suis pas la dupe de tout ceci. (*haut.*) Vous auriez pu sentir , Monsieur , que ce n'étoit pas répondre à l'amitié avec laquelle mon pere vous reçoit, que d'enfoncer une porte , & nous faire un pareil outrage.

CRESPO , *à son fils.*

Qui vous a dit de parler ici , jeune homme ? Si son soldat lui a manqué , n'a-t-il pas raison de vouloir le punir ? Ma fille doit le remercier d'avoir obtenu sa grace ; & moi je lui suis très-obligé de ce qu'il a eu cet égard pour elle.

DOM LOUIS , *à Crespo.*

Vous ne dites rien que de raisonnable. (*à Juan.*) Et vous , apprenez à qui vous parlez.

JUAN.

Je le sçais très-bien.

CRESPO , *à son fils.*

Encore devant moi ?

DOM LOUIS , *à Juan.*

Vous êtes heureux que votre pere soit ici ; sans cela je vous apprendrois à vivre....

CRESPO.

Arrêtez, Moſſieur, je vous prie : je puis traiter mon fils comme il me plaît, mais vous, vous n'avez rien à lui dire.

JUAN.

Oui, je ſouffrirai tout de mon pere ; mais ſi une autre perſonne...

ISABELLE, *à part.*

Je tremble.

DOM LOUIS, *à Juan.*

Que feriez-vous ?

INÉS.

Je me meurs.

JUAN, *à Dom Louis.*

Je perdrois la vie pour ſauver mon honneur.

DOM LOUIS, *avec dédain.*

Bel honneur que celui d'un payſan.

JUAN.

Auſſi pur que le vôtre, & croyez qu'il n'emploieroit pas de ruſes pour forcer un azile reſpeĉtable Il n'y auroit pas de gentils-hommes s'ils n'avoient pas commencé par être payſans.

CRESPO.

Taiſez-vous, je vous l'ordonne.

ISABELLE.

Ah ! mon frere.

INÉS.

Ah ! mon oncle, arrêtez-le.

DOM LOUIS, *mettant la main ſur ſon épée.*

Morbleu, c'eſt trop long-tems.

ISABELLE, *à Dom Louis.*

Arrêtez, Monſieur, je vous en ſupplie.

REBOLLEDO, *à part.*

Je voudrois bien qu'il les roſſât tous deux.

CRESPO, *d'un ton impoſant.*

Prenez garde que je ſuis ici.

JUAN.

Je ne ſouffrirai rien de vous.

SCENE XIV.

DOM LOUIS, REBOLLEDO, JUAN, CRESPO, ISABELLE, INÉS, UN SOLDAT, DOM LOPE DE FIGUERA, UN TAMBOUR.

UN SOLDAT, *à Dom Louis.*

MOn Capitaine, voici, Monſieur votre pere qui arrive.

DOM

DOM LOUIS.

Lui ? O ciel !...

DOM LOPE.

Qu'est-ce que je vois ! la premiere chose que je rencontre en arrivant ici, c'est une dispute.

DOM LOUIS, *avec embarras.*

Rien, mon pere, une misere.

DOM LOPE.

Qu'est-ce qu'il y a ? Qu'est-il arrivé ! Eh bien ! personne ne répond ? Si l'on ne parle... les hommes, les femmes, la maison, je fais tout jetter par les fenêtres.... Je suis d'une colere... N'est-ce pas assez pour moi de venir jusqu'ici, & qu'on m'aille fourer dans la maison de cet Alcalde que le diable puisse emporter ! Ces coquins de fouriers ne savent ce qu'ils font. Avec cela j'ai une douleur de jambe.... & l'on m'impatiente encore en refusant de me dire ce qui se passe ici.

CRESPO.

Ce n'est rien, Monsieur.

DOM LOPE, *à son fils.*

Parle toi... Dis-moi la vérité.

DOM LOUIS.

La voici, mon pere. On m'a choisi mon logement ici ; un soldat m'a forcé de mettre l'épée à la main pour punir son insolence vis-à-vis de moi ; il s'est échappé, & est entré là dedans.... Moi, en le poursuivant, je l'ai suivi dans cette même chambre, où j'ai trouvé ces deux personnes.... Leur pere, leur frere.... leur ce qu'il vous plaira, se sont avisés de le trouver mauvais. Voilà tout.

DOM LOPE.

Bon, je suis arrivé ici à propos. Je vous contenteral tous : où est le soldat qui a mis son Officier dans le cas de tirer son épée contre lui ?

REBOLLEDO, *effrayé à part.*

Je vais payer pour tous.

INÈS, *le montrant.*

Le voilà.

CRESPO, *avec autorité à Inès.*

Pourquoi parlez-vous ?

DOM LOPE.

Qu'on le passe par les baguettes.

DOM LOUIS, *bas à Rebolledo.*

Va mon enfant, ne dis mot ; je te ferai échapper.

REBOLLEDO, *à Dom Louis.*

Comment diable ! que je ne dise mot. Si je me tais on va m'étriller comme un malfaiteur.

(*haut à Dom Lope.*) Monseigneur, tout cela est une ruse de mon Officier... pour voir...

DOM LOPE.

Qui !

C

REBOLLEDO.

Ces Dames.

CRESPO, *à Dom Lope.*

Vous voyez à présent si nous avions tort.

DOM LOPE.

Que diable ! Il n'y a pas de quoi troubler toute la Ville. Holà! Tambour.... (*le tambour s'avance.*) Va publier un ordre à tous les soldats de se rendre à leurs logemens, avec peine de mort pour tous ceux qui s'écarteront aujourd'hui..... Du reste pour couper court à tout ceci, (*à Dom Louis.*) allez vous en chercher un autre logement; pour moi je reste ici. Prenez, si vous voulez la maison de ce diable d'Alcalde, où il n'y a ni portes, ni fenêtres.... Allons, qu'on décampe.

Le soldat & Dom Louis se retirent : Rebolledo met la malle sur son épaule, le paquet dans une autre main, & s'enfuit.

CRESPO, *a sa famille, d'un air d'autorité.*

Retirez-vous.

SCENE XV.

DOM LOPE, CRESPO.

CRESPO, *très-poliment.*

JE vous suis très-obligé, Monsieur, de m'avoir tiré d'un très-mauvais pas, où j'allois vraisemblablement me perdre.

DOM LOPE.

Comment te perdre ! (*Dom Lope s'asseoit sur une chaise & frotte sa jambe.*)

CRESPO.

Oui, me perdre.

DOM LOPE.

Je ne t'entends pas.

CRESPO.

Il n'y a pourtant rien de si clair.... Il existe quelquefois un arrangement de circonstances, où il faut perdre la vie, ou tirer vengeance d'un dessein prémédité de vous insulter.

DOM LOPE.

Que diable aurois-tu fait ?

CRESPO.

J'aurois tué celui qui m'insultoit. (*Crespo prend un fauteuil & s'asseoit.*)

DOM LOPE.

Comment, morbleu ! Sçais-tu qu'il est Capitaine & mon fils ?

CRESPO.

Oui, morbleu.... Mais, fut-il général, s'il m'insulte ; je le tue.

DOM LOPE.

Hernidié ! quel diable d'homme es-tu ? Et moi, je t'avertis, que quiconque arrachera seulement un cheveu au dernier de mes soldats, je le ferai pendre sans miséricorde.

CRESPO.

Eh bien ! quiconque s'avisera de me faire une insulte pareille, vive Dieu ! je le pends moi-même sans balancer.

DOM LOPE.

Tu ne sçais donc pas que tu es obligé de tout souffrir.

CRESPO.

Qu'on me prenne mon bien, je ne dirai mot ; mais qu'on ne touche pas à mon honneur.... Je dois sacrifier pour le Roi mon bien & ma vie, mais l'honneur, non.

DOM LOPE.

Corbleu ! il me semble que tu as raison.

CRESPO.

Oui : corbleu ! j'ai toujours raison, moi.

DOM LOPE.

Finissons..... Je suis rendu ; j'ai besoin de laisser reposer cette maudite jambe que le diable m'a donnée, je crois.

CRESPO.

Il est fâcheux que le diable vous ait donné une mauvaise jambe ;..... mais moi j'ai un lit à votre service.

DOM LOPE.

Est-il tout fait !

CRESPO.

Oui.

DOM LOPE.

Ventrebleu ! je m'en vais le défaire, car je n'en puis plus.

CRESPO.

Reposez-vous, ventrebleu ! je vais vous y conduire.

DOM LOPE, *à part.*

Ce paysan est têtu, il jure presqu'aussi fort que moi.

CRESPO, *à part.*

Dom Lope ne fait que jurer ; nous ne simpatiserions pas long-temps ensemble.

DOM LOPE.

Allons, mort diable !.... mene-moi donc.

C 2

CRESPO.

Allons , mort diable !... venez.

Fin du premier Acte.

ACTE II.

SCENE PREMIERE.

Le, Théâtre n'eſt preſque point éclairé : il y a deux bougiés allumées ſur une table.

DOM LOUIS , REBOLLEDO.

(*Ils entrent avec précaution.*)

DOM LOUIS.

Mais dis-moi, as-tu jamais rien vu dans le monde de ſi beau !

REBOLLEDO.

Avois-je raiſon !

DOM LOUIS.

Ce que je ſens pour elle n'eſt pas amour, n'eſt pas paſſion ; c'eſt une rage , une fureur.

REBOLLEDO.

Vous le prouvez bien , en venant ici, malgré la maniere dont notre Général vous a congédié.

DOM LOUIS.

Quelle fatalité ! Il faut que mon pere ſe trouve mal logé , & vienne occuper la maiſon que mon bonheur m'avoit deſtinée.

REBOLLEDO.

Il a eu tort ;.... mais , avec cela , c'eſt moi qui cours le plus de riſques. Vous êtes ſon fils unique, & moi, pauvre diable , il ne me marchanderoit pas. Il vouloit me faire paſſer par des baguettes, & s'il me retrouve....

DOM LOUIS.

C'eſt donc ici qu'habite une divinité !

REBOLLEDO.

Enfin, voyons, que voulez-vous faire ? Il n'y a pas de ſûreté ici. J'ai été aux informations, la ſervante....

DOM LOUIS.

Que t'a-t-elle dit !

REBOLLEDO.

Que Crespo a ordonné à tout son monde de se retirer dans la salle au bout du jardin, pour laisser reposer Dom Lope jusqu'au souper ; c'est ce qui m'a enhardi à vous accompagner jusqu'ici.

DOM LOUIS, *avec impatience.*

Mais que t'a-t-elle dit d'Isabelle ?

REBOLLEDO.

Que son caractere est aussi aimable que sa figure. Aye.... j'entends du bruit. (*Ils écoutent.*)

DOM LOUIS.

Ce n'est rien.

REBOLLEDO.

Mais si Dom Lope nous trouvoit ?

DOM LOUIS.

Je lui dirois ..... que je viens sçavoir de ses nouvelles. Ah ! si mon amour a bien pu, en un instant, acquérir assez de force pour me rendre si malheureux, pourquoi n'aurois-je pas en un jour celle de faire mon bonheur ? Faut-il plus de tems pour la victoire que pour la défaite !

REBOLLEDO.

Ce n'est qu'une paysanne ; vous en viendrez à bout quand vous voudrez.

DOM LOUIS, *avec feu.*

Une paysanne ! dis plutôt une déesse. Je ne sçais si je ne dois pas t'en vouloir ; tu m'as rendu le service de me l'avoir fait connoître ; mais tu m'as rendu le plus malheureux des hommes.

REBOLLEDO.

Vous disiez, il y a huit jours, qu'une paysanne ne pouvoit être belle.

DOM LOUIS.

Eh ! c'est cela qui m'a perdu. On se tire bien mieux d'un péril, quand on y est préparé, que lorsqu'on s'y trouve engagé sans l'avoir prévu..... Je croyois voir une villageoise, & j'ai trouvé une divinité : son triomphe est d'autant plus certain que je le croyois impossible. Je n'ai rien vu de si charmant ; je n'ai jamais vu de beauté si parfaite. Je ne sçais ce que je ne ferois pas pour la revoir.

REBOLLEDO, *à part.*

Voilà où je le voulois pour en tirer quelque chose. (*haut.*) Je vous dirai tout naturellement que je n'aime pas à me trouver ici, tant que Dom Lope y sera ; cela m'embarrasse singuliérement l'imagination.

DOM LOUIS.

Ah ! mon cher Rebolledo, je t'en prie, je t'en conjure, invente un moyen pour que je lui découvre ma passion.

REBOLLEDO , *à part.*

Tachons de le tirer d'ici. (*haut.*) La premiere chose que je ferois à votre place. feroit d'abord de lui découvrir ce que vous penfez pour elle.... Une fille qui veut bien caufer avec un joli cavalier , eft une place dont on commence à faire les approches. Ma foi ! je rifquerois de lui donner une férénade ; elle viendra peut-être à la fenêtre , & vous vous expliquerez.

DOM LOUIS.

Comment le faire fans éveiller mon pere ?

REBOLLEDO.

L'éveiller ! je vous en défie ; eft-ce que fa jambe le laiffe jamais dormir ? Vous fçavez que quand il eft au lit il a de la peine à en fortir ; & vous n'avez qu'à vous envelopper dans votre manteau , on ne vous reconnoîtra pas. Pour la mufique , elle n'eft pas difficile à trouver , vous avez celle du Régiment.

DOM LOUIS.

Tu as raifon. O ! amour ! dans quel tourment tu me mets.

REBOLLEDO·

Il faudra payer les muficiens pour les obliger au fecret.

DOM LOUIS , *lui donnant fa bourfe.*

Tiens , voilà ma bourfe ; je te donnerois tout au monde pour voir ifabelle.

REBOLLEDO.

Allons , allons nous-en , je vous en conjure.

DOM LOUIS.

Arrange tout. Je vois bien des difficultés ; mais la peine où je fuis eft encore plus cruelle.

REBOLLEDO.

J'entends du bruit....

DOM LOUIS.

Il faut donc fortir fans la voir.

SCENE II.

ISABELLE , INÉS.

ISABELLE , *fortant de fa chambre avec précaution , & pofant une nape & des ferviettes fur une chaife.*

J'Ai entendu parler ; j'ai cru qu'il y avoit du monde en entrant ici.

INÉS, *portant aussi du linge.*

J'ai entendu marcher. Pour moi, sans vous je ne serois jamais sortie toute seule de la salle au bout du jardin. Mais concevez-vous ce que mon cousin nous a dit avoir entendu, que cette prétendue colere entre Dom Louis & son homme, n'étoit qu'un projet concerté pour vous voir!

ISABELLE.

En tout cas, il a été très poli, très-honnête, & quand je lui ai demandé la grace de son soldat, il lui a pardonné avec toute la noblesse possible. Pour moi, je trouve que mon pere & mon frere ont mis un peu trop de vivacité dans la dispute.

INES.

Il menoit trop mal mon cousin.

ISABELLE.

Je vois tout au plus dans sa conduite l'inconséquence d'un jeune homme. Au surplus il a été très-respectueux avec nous.... Tiens, veux-tu que je te l'avoue? Je suis très-fâchée qu'il ne soit point notre égal: son air, sa tournure, tout me plaît en lui. Je sens que s'il n'y avoit pas, entre sa naissance & la mienne, la distance qui nous sépare, tu ne m'accuserois plus d'indifférence.

INES.

Quoi!.... tu l'aimerois!

ISABELLE.

Je ne dis pas tout-à-fait cela. Comme il ne peut, en aucun cas, m'épouser, sois certaine que je n'aurai point à combattre des idées extravagantes. Apparemment Dom Lope est réveillé, j'apperçois de la lumiere. Voilà notre commission faite; rentrons.

(*Elles rentrent & ferment la porte.*)

SCENE III.

CRESPO, DOM LOPE.

CRESPO.

QU'on mette la table dans cette grande salle; il y fait plus frais. Vous en souperez de meilleur appétit.... Le plus grand agrément du mois d'Août, c'est la fraicheur des soirées.

DOM LOPE, *regardant par la fenêtre.*

Voilà un charmant endroit, autant que j'en puis juger.

CRESPO.

C'est un petit jardin dont ma fille prend soin

Mais asseyez-vous pour respirer le frais qui vient par cette fenêtre. Ecoutez comme le vent agite doucement les feuilles de ce taillis ; comme il s'accorde avec le murmure de cette fontaine. Asseyez-vous , je vous en conjure , oubliez un peu votre mal.

DOM LOPE.

Je ne sçaurois m'amuser à rien , dieu me damne.

CRESPO.

A la bonne heure.

DOM LOPE.

Je n'ai besoin que de patience. Assieds - toi , Crespo.

CRESPO.

Je suis bien comme cela.

DOM LOPE.

Assieds-toi , te dis-je.

CRESPO.

Puisque vous me le permettez , je m'assieds.

DOM LOPE, *le regardant attentivement.*

Tu ne sçais pas ce que je pense ; je crois , en te voyant si honnête , que , lorsque je suis arrivé , la colere t'avoit mis hors de toi.

CRESPO.

Non , Monsieur , jamais rien ne me met en colere.

DOM LOPE.

Tu plaisantes ; il y a deux heures , tu t'es assis devant moi , sans que je te le dise , & à la meilleure place encore.

CRESPO.

C'est positivement parce que vous ne me le disiez pas. Tout à l'heure vous m'avez fait l'honneur de me le proposer ; & je ne le voulois pas. Je suis toujours poli avec ceux qui le sont. Quelles raisons aurois-je de l'être avec ceux qui ne le font pas !

DOM LOPE.

Quand je suis arrivé , tu étois tout brutal ; tu jurois , tu faisois un bruit affreux ; actuellement je te trouve plus posé , plus sage , plus raffis.

CRESPO.

Tel est mon caractere. Je réponds toujours sur le ton dont on me parle. En arrivant , vous étiez de très-mauvaise humeur ; il falloit bien que je le fusse aussi : c'est-là mon systême ; jurer avec celui qui jure ; rire avec celui qui rit. Je suis toujours de moitié dans ce qu'on fait. Cela va au point que je ne dormirai peut-être de cette nuit à cause de votre mal de jambe.

DOM

DOM LOPE.

Mort non diable ! tu railles. Mais penses-tu que je n'aie pas sujet de me plaindre ? Ventrebleu ; il y a trente ans que je fais la guerre dans la Flandres ; des diables d'hiver toujours dans la glace ; des diables d'été toujours au soleil ; vive Dieu ! je n'ai pas passé encore une heure sans souffrir.

SCENE IV.

DOM LOPE, CRESPO, JUAN.

JUAN, *apportant avec la servante une table toute servie, & garnie de cinq flambeaux & bougies allumées.*

Voici la table.

DOM LOPE.

Est - ce que mes valets ne viennent pas me servir ?

CRESPO.

Je vous l'ai dit, Monsieur ; ils n'entreront pas ici, je vous prie ; vous n'en serez pas moins bien servi. Je ne pense pas, Dieu merci, que rien vous ait manqué chez moi.

DOM LOPE.

Puisque tu ne veux pas que mes gens me servent, fais-moi le plaisir d'appeler tes filles ; qu'elles viennent souper avec moi.

CRESPO.

Monsieur, l'une est ma nièce, l'autre est ma fille.
(*à Juan.*)
Juan, dites à votre sœur & à Inés de venir ici.
(*Juan va dans la chambre où elles se sont retirées.*)

DOM LOPE.

Tu me vois bien malade ; voilà pourquoi tu es si complaisant.

CRESPO.

Quand vous vous porteriez aussi bien que je le souhaite, je ne le ferois pas moins.... Si j'ai dit à ma fille & à ma nièce de ne point entrer ici, c'est que je craignois, avant votre arrivée, de les exposer à quelque danger ; mais si tous les gens de guerre étoient aussi honnêtes que vous, je leur ordonnerois d'être les premieres à les voir.

DOM LOPE, *à part, & se levant.*

Quel matois que ce drôle-là ! avec quelle sagesse il raisonne !

D

SCENE V.

DOM LOPE , CRESPO , JUAN , ISABELLE,
INÈS.

ISABELLE.

Que voulez-vous , mon pere ?
CRESPO.

C'eſt , Monſieur , qui vous fait l'honneur de vous demander.

ISABELLE , *faiſant la révérence.*

Il nous fait bien de l'honneur... Nous ſommes à ſes ordres.

DOM LOPE , *s'inclinant.*

C'eſt à moi d'être aux vôtres. (*à part.*) Qu'elle eſt belle ! (*à Creſpo.*) Eſt-ce là ta fille ?

CRESPO.

Elle-même , Monſieur.

DOM LOPE , *s'aſſeyant.*

Excuſez ; voulez-vous bien ſouper toutes les deux avec moi ! *Juan approche deux chaiſes contre la table.*

ISABELLE.

Il ſeroit plus à ſa place , je crois , que ma couſine & moi fuſſions-là pour vous ſervir.

DOM LOPE , *mangeant.*

Aſſeyez-vous.

CRESPO , *le ſervant.*

Aſſeyez-vous , Iſabelle ; faites ce que veut Monſieur ; & vous auſſi , Inès.

ISABELLE.

J'obéis..... (*Elles s'aſſeoient.*)

DOM LOPE.

J'admire comment tu as pu faire pour , dans un village , leur donner un auſſi bon maintien ?

CRESPO.

De bons principes & de bons maîtres , autant qu'on en peut avoir loin des grandes villes.

INÈS.

Mon oncle n'ajoute pas qu'il a pris autant de ſoin de nous qu'il en donne à ſes affaires. (*Dom Lope veut boire.*)

ISABELLE , *s'empreſſe de le ſervir.*

Permettez que j'aie l'honneur de vous ſervir.

DOM LOPE , *après avoir bu , à Creſpo.*

Il eſt excellent ; (*à Iſabelle.*) mais de votre main eſt encore bien meilleur. (*à Creſpo.*) Tu es bien heureux, toi, tu as eu tout le tems nécessaire ; mais nous autres..... trente ans en Flandres ; cela nous est impossible. (*à Isabelle.*) Vous plaisez-vous ici, Isabelle ?

ISABELLE.

Monsieur, je me plais toujours où je suis attachée par mes devoirs.

DOM LOPE, *mangeant.*

Vous répondez comme un Ange, ma belle enfant. (*à Crespo.*) Tu dois être bien fier de cette belle fille ?

CRESPO.

Pas plus que d'un bel & bon arbre de mon verger ; mais je remercie tous les jours le ciel des vertus qui font en elle.

DOM LOPE.

J'ai un fils dans le service. Tu l'as vu, un fils unique. Dès qu'il a pu monter à cheval je l'ai mis dans mon régiment. De l'exactitude, voilà ce que je lui ai demandé : du reste, il s'est fait lui-même. Est-ce que nous aurions le tems, nous autres, de nous occuper de leur éducation ? Il ne sera pas plus malheureux que moi ; l'exercice, le coup d'œil, le sang-froid, voilà ce qui fait les hommes dans notre métier.

CRESPO.

Il est votre fils, il marchera sur vos traces.

DOM LOPE.

Tu veux me rendre les complimens que j'ai faits à ta fille ; mais tu as encore sur le cœur l'histoire de tantôt....

CRESPO.

Non, je vous jure ; elle m'a été trop avantageuse ; puisqu'elle m'a procuré l'honneur de vous recevoir.

DOM LOPE.

Tu as la politesse du plus fin courtisan ; mais ta fille, foi de gentilhomme, à l'air d'une décence qui me ravit. Mesdemoiselles, faites-moi le plaisir de boire à ma santé, je vous ferai raison. Je te porte, Crespo, la santé de ta fille & de ta nièce. (*Il leur verse du vin dans leur gobelets, Crespo n'a fait que servir.*)

CRESPO, *avant de boire.*

Monsieur, vous nous faites à tous trop d'honneur.

ISABELLE, *avant de boire.*

Monsieur, puisque vous nous le permettez.

INES, *avant de boire.*

A l'honneur que vous nous faites.

DOM LOPE, *enchanté.*

Mille fois obligé, mes aimables enfans. Il y a bien

long-tems que je n'ai féjourné nulle part avec autant de plaifir...

(*On entend le prélude préparé expres d el'air d' Ifabelle dans Ifabelle & Gertrude.*)

Qu'eft ce que c'est que cela ?

CRESPO.

Ce font les foldats qui fe divertiffent dans la rue.

DOM LOPE.

Je ferme les yeux fur ces bagatelles ; fans ces petites libertés, ils auroient peine à foutenir les fatigues de la guerre.

JUAN.

Elle a pourtant quelque chofe de beau.

DOM LOPE.

L'aimerois-tu ! Crefpo confie-le moi. La franchife est mon caractere, je veux reconnoître en lui tes bonnes manieres. Je lui ferai avoir l'agrément du Roi pour une place qui dépend de moi, & le mettra à portée de fe diftinguer.

INES, *toute émue.*

Quoi ! il va nous quitter ?

DOM LOPE.

Ne vous chagrinez pas, ma belle enfant ; il ne vous quittera que le tems néceffaire, & je lui aurai des congés.

CRESPO.

Mon fils eft trop heureux que vous vouliez bien vous charger de lui.

DOM LOPE, *à Juan.*

Y confens-tu ?

JUAN.

De tout mon cœur. (*regardant Ines.*) Si mon pere enfuite veut....

(*Le concert recommence, tout le monde écoute. Grande fimphonie dans le lointain.*)

Air.

Je t'appelle, je t'appelle,
Ifabelle, Ifabelle,
Ne crains donc rien d'un cœur qui t'aime,
Ne crains donc rien d'un cœur fidele.

DOM LOPE, *à part, au nom d'Ifabelle.*

Qu'ils chantent, paffe ; mais donner une férénade dans la maifon où je fuis, & nommer Ifabelle ! Il y a bien de l'infolence : diffimulons à caufe de Crefpo & de fa fille. (*haut.*) Quelles folies !

CRESPO.

Ce font des jeunes gens. (*à part.*) Si Dom Lope n'étoit pas ici, comme je les étrillerois.

JUAN, *à part.*

J'ai vu dans la chambre de Dom Lope plufieurs épées ; je vais en prendre une.

CRESPO; *à Juan d'un ton ferme.*
Où allez-vous , jeune homme ?
JUAN.
Je vais faire servir.
CRESPO.
Il y a du monde assez pour cela.
On entend encore la sérénade
Suite de l'Air.

Il ne respire !
Il ne soupire ,
Il ne soupire que pour vous.
Flatteuse espérance ,
Offrez-vous à mes yeux ;
Isabelle , je t'appelle ,
Isabelle , je t'appelle.
ISABELLE , *entendant son nom.*
Qu'ai-je fait , ô ciel ! pour être exposée à de pareils
affronts. (*Elle s'essuie les yeux.*)
DOM LOPE , *en fureur.*
Il n'y a pas moyen d'y tenir ; c'est une chose terrible.
(*Il se leve , & renverse la table.*)
CRESPO , *avec humeur , imitant Dom Lope , & jet-*
tant son siege à terre.
Qu'est-ce donc !
DOM LOPE *se contraignant , & montrant sa*
jambe.
Excuse mon impatience. N'est-ce pas une chose terrible
qu'une jambe qui fait tant souffrir ?
CRESPO , *portant sa main à son cœur.*
C'est tout simple. Chacun sent ce qui le blesse.
DOM LOPE.
Je ne sçavois ce qui te prenoit , à te voir renverser
ton siege.
CRESPO.
Je vous l'ai déja dit , malgré moi je fais tout ce que
je vois faire. Comme vous avez renversé la table , je n'ai
trouvé autre chose sous ma main que mon siege. (*à part.*)
Dissimulons.
DOM LOPE , *à part.*
Je veux aller voir moi-même ce qui se passe dans la rue.
(*haut.*) Je ne mangerai plus , nous pouvons nous
retirer.
CRESPO.
Comme il vous plaira.
DOM LOPE.
Bon soir , Mesdemoiselles ; adieu , car je pars à la
pointe du jour.
INES.
Bon soir, Monsieur.

ISABELLE.

Vous nous faites bien de l'honneur.

DOM LOPE, *à part, au coin du théatre.*

Ma chambre donne sur la rue , & mon épée & mon bouclier y sont.

CRESPO , *à l'autre coin du Théatre.*

Ma chambre basse donne sur la rue , & n'ai-je pas une vieille rondache & une pertuisanne ?

DOM LOPE , *allant à sa chambre.*

Bonne nuit.

CRESPO.

Bonne nuit. (*à part.*) Je vais enfermer mes enfans.

DOM LOPE , *prenant une bougie , & entrant dans sa chambre. (à part.)*

Il faut les laisser s'endormir.

SCENE VI.

CRESPO, ISABELLE, INES , JUAN.

ISABELLE , *à Inès.*

ILS ont , l'un & l'autre , quelque chose en tête.

INES,

Oui mon oncle & Dom Lope ont quelque dessein.

CRESPO , *à Isabelle & à Inés.*

Bon soir mes enfans ; retirez-vous dans votre chambre jusqu'au départ de Dom Lope. *à Juan qui veut s'en aller.* Venez coucher au bout du jardin. (*à part.*) Je vais l'enfermer à double tour.

(*Ils emportent chacun une bougie.*)

SCENE VII.

ISABELLE , INES.

INES.

Qu'avez-vous donc , ma cousine ? Cette sérénade vous a toute fâchée.

ISABELLE.

N'avez-vous donc pas entendu qu'on m'a nommée ?

INES.

Oui ; mais j'ai cru que c'étoit une vieille chanson qui ne nous regardoit pas.

ISABELLE.

Et moi, je suis très-persuadée du contraire ; ce qui

me le confirme, c'eſt l'humeur que Dom Lope a priſe.

INES.

Et celle de mon oncle ! Vous avez raiſon.

ISABELLE.

Mon frere qui vouloit ſortir.

INES.

Enfin ils ont ceſſé

ISABELLE.

Cela eſt d'autant plus heureux, que, ſi mon pere & mon ſiere s'étoient apperçus du ſentiment que j'ai éprouvé en entendant cette chanſon, il auroit été im-poſſible à Dom Lope & à nous de les empêcher de ſortir. Retirons-nous pour ne pas faire de bruit à Dom Lope.

INES.

Mais ſi c'étoit Dom Louis qui eût donné la ſé-rénade ?

ISABELLE.

Il n'y a pas à en douter. Je ne ſais, tout ce qui vient de lui m'affecte, on ne peut davantage. Faut-il qu'il ſoit venu ici pour troubler mon repos !..

INES.

Il faut nous enfermer avec beaucoup de ſoin. Je ne vous cacherai pas que tout cela me fait grande peur. (*Elles emportent les deux dernieres bougies.*)

SCENE VIII.

Le Théatre eſt obſcur,

DOM LOPE, *ſeul, avec une épée & un bouclier.*

JE ſuis ſorti ; dès qu'ils m'ont apperçu, ils ſe ſont échappés. Par la ventrebleu ! ſi j'en avois tenu ſeule-ment un, il auroit payé pour tous. Mais j'entends du bruit ; y en auroit-il quelques-uns d'aſſez inſolens pour entrer juſqu'ici ? Jour de Dieu ! il paſſeroit par les courroies. Voyons. (*Il ſe range dans un coin ſur le devant du Théatre.*)

SCENE IX.

DOM LOPE, CRESPO, *armé d'une vieille rondache*
& d'une pertuifanne.

CRESPO, *à part en entrant.*

JE n'ai vu perfonne. Mon fils eft enfermé. Mais j'ai entendu du bruit ici.

DON LOPE.

Quoi ! C'eft Crefpo !

CRESPO.

C'eft moi-même. Et vous, DOM Lope, vous êtes armé ?

DOM LOPE.

Et toi auffi ? Mais tu avois dit que tu allois te coucher.

CRESPO.

Je n'ai fait que vous imiter.

DOM LOPE.

Ceci eft mon affaire, & non la tienne.

CRESPO.

Pourquoi donc ? Je fuis forti pour qu'on vous laiffât repofer tranquillement ; il n'y a plus perfonne. Anfi allez, Monfieur, vous remettre fur votre lit ; j'ai fait la ronde.

DOM LOPE.

Non, il faut que le diable ait confpiré pour m'empêcher de dormir ici. Ventrebleu ! Ces marauds là font du bruit au lieu de fe repofer. Eh bien ! puifque ma diable de jambe m'empêche de dormir, je vais les faire marcher tout de fuite. Par la herni diable, ils me le paieront. Adieu. Je vais donner ordre à ton fils de me fuivre.

CRESPO, *le reconduifant*

Souffrez que je vous rende ce que je vous dois, & que je vous reconduife en vous remerciant de vos bontés pour mon fils.

Fin du fecond Acte.

❧

ACTE III.

SCENE PREMIERE.

CRESPO, JUAN, ISABELLE INES,

Ils ont chacun une lumiere qu'ils posent sur les guéridons.

CRESPO.

Actuellement que Dom Lope est parti, & que tu vas le suivre, écoute, mon fils, ce que je veux te dire en présence de ta sœur & de ta cousine. Ton départ leur auroit été trop sensible, si elles n'avoient pu te dire adieu.

ISABELLE, *affligée.*

Certainement.

INÉS, *pleurant.*

Le cœur me fend.

CRESPO.

Rassurez-vous, ma niece; je ne suis ni dur, ni cruel. Votre sensibilité me touche & me fait plaisir; mais, avant tout, il faut être utile à sa Patrie; puisqu'il aime le tumulte des armes, comme mon dessein, si vous vous convenez, est de vous unir ensemble, mais seulement dans deux ans, vu votre jeune âge à l'un & à l'autre, attendez patiemment ce tems. Je ne vous en ai jamais tant dit; mais comme il va nous quitter, & que je n'ai jamais trompé personne, vous pouvez vous fier à cette parole. (*à Juan.*) Tu es sorti mon fils, d'un sang pur, mais roturier; je te fais observer ces deux choses; l'une afin que tu ne sois ni lâche ni rempant, & que tu ne désespere pas de parvenir à un rang plus élevé; l'autre, afin qu'un fol orgueil ne t'aveugle pas. Sois modeste; parce que l'on se trouve toujours bien de beaucoup de modestie, soutenue par une raison droite. Elle efface les défauts, & l'orgueil les indique souvent. Sois doux, poli, point avare. Tout l'or des Indes, toutes les richesses que la mer engloutit, ne valent pas la réputation d'un homme généralement aimé. Ne parle jamais mal des femmes: la plus vile, en apparence, mérite des hommes quelques égards, puisqu'enfin c'est à elles que nous devons tous la naissance. Ne te bats pas sans sujet. Avec l'argent que tu as, avec la protection de Dom Lope & ma bénédiction, je ne désespere pas de te voir

E

quelque jour dans un autre rang. Adieu, mon fils; voilà mon cher enfant, ce que je voulois te dire; je sens mon cœur s'attendrir en te parlant.

JUAN.

Je n'oublierai jamais vos sages conseils. Mon pere, donnez-moi votre main à baiser. (*Crespo l'embrasse, & Juan lui baise la main.*) Embrassez-moi, ma sœur. (*à Inés, après avoir embrassé Isabelle.*) Adieu, ma cousine; songez à celui qui vit dans l'espérance de voir ses jours unis aux vôtres.

INÉS.

Je ne puis vous répondre que par mes larmes.

CRESPO.

Vas: mon fils, vas, chaque fois que je te regarde, je sens davantage que tu es prêt à nous quitter. Il faut nous séparer. L'exactitude est la premiere vertu de ton métier.

JUAN, *s'en allant.*

Adieu, mon pere; je pars à l'instant.

CRESPO, *le conduisant des yeux.*

Que le Ciel t'accompagne!

SCENE II.

CRESPO, ISABELLE, INÉS.

ISABELLE.

Voila un départ qui nous est bien sensible.

INÉS.

C'est un chagrin d'autant plus vif, que je m'y attendois moins.

CRESPO.

Oui, ma chere niece; mais la certitude que je vous ai donnée à l'une & à l'autre, doit vous consoler. A présent que je ne le vois plus, j'en parlerai avec moins de peine. Qu'auroit-il fait ici? Il seroit peut-être devenu un libertin. Il vaut mieux qu'il passe sa jeunesse dans le service.

INES.

Mais partir la nuit & à nuit close encor!

CRESPO.

En été, c'est un agrément; s'il étoit parti plus tard, il auroit eu plus de peine à rattraper Dom Lope. Cette séparation est un instant qu'il falloit passer. Deux heures plus tard. (*à part.*) Ce pauvre garçon me laisse tout ému, quelqu'envie que j'aie de n'en rien faire paroître.

ISABELLE.

Mon pere, vous avez l'air fatigué, puisque nous n'avons plus perfonne, allez vous repofer.

CRESPO.

C'eft bien dit; la journée d'hier m'a rudement harraffé.

INES,

N'eft-ce pas aujourd'hui à la pointe du jour qu'on doit élire les Magiftrats ?

CRESPO.

Vous m'y faites fonger. Je ne me trouverai pas à l'affemblée; ils font affez fans moi, & je n'envie ni d'être le premier de mon village, ni d'en être le dernier. Bonne nuit, mes enfans; allez vous repofer de votre côté. (*Il prend deux bougies.*)

SCENE III.

ISABELLE, INES.

INES.

J'Ai fait tous mes efforts pour cacher ma douleur à mon oncle. Je fuis perfuadée que mon coufin, à qui je n'ai pu parler, eft parti de défefpoir de voir notre mariage fi éloigné. Ah ! fi mon oncle s'étoit foucié d'être Alcade, il ne feroit pas parti.

ISABELLE.

Pourquoi; Mon pere fûrement a de bonnes raifons. Il eft fi fage, & mon frere eft fi jeune !

INES.

Ah! ma coufine, voilà votre fageffe & votre raifon qui vont toujours au-devant de tout. Vous feriez à Cadix & mon oncle dans les Indes, que fi je vous rencontrois, je jurerois que c'eft le même fang qui coule dans vos veines. Pouvez-vous ne pas plaindre ma fituation ?

ISABELLE.

Je la plains plus que tu ne crois, puifque je connois ta fenfibilité; mais d'après l'efpérance d'un terme fixé par mon pere, tu dois trouver en toi & avec moi, des moyens de confolation. Jufqu'à cet inftant, mon pere n'avoit rien promis; il vient de donner fa parole; il n'y a jamais manqué. Réponds-moi: tu étois bien loin de l'efpérer hier ?

INES,

Mais Juan nous a quittées, & pour long-tems.

ISABELLE.

Tu me crois donc infenfible, parce que je fuis raifonnable. Crois-tu que je voie fans peine la féparation

d'un frere que j'aime, & que je n'ai jamais quitté depuis
la plus tendre enfance ! Crois tu que je ne voie pas comme une augmentation de ma peine, le vif chagrin qui
t'affecte. Ah ! Inès, refuse-moi, si tu veux, tout au
monde ; mais laisse-moi le plus bel appanage de l'humanité, la sensibilité.

INÉS.

Je te demande mille pardons ; mais excuse un cœur
oppressé qui souffre tout ce qu'on peut souffrir.

ISABELLE.

Veux-tu que je passe la nuit avec toi ?

INÈS.

Tu es trop bonne ; tu as ta douleur, & la mienne
ne feroit que l'augmenter,

ISABELLE.

Bon soir.

INÈS.

Bon soir. (*Elle prend une bougie & s'en va.*)

SCENE IV.

ISABELLE, *seule.*

L A pauvre Inès ne voit pas toute ma tendresse pour
mon frere. Il faut lui en cacher la moitié pour sou-
lager son affliction. Si elle n'y avoit pas été, j'aurois
laissé un libre cours à mes larmes lors de notre séparation. Retirons-nous, (*Elle va prendre la lumiere
qui reste.* (

SCENE V.

ISABELLE, DOM LOUIS, REBOLLEDO.

DOM LOUIS,

E St-ce par ici !

REBOLLEDO,

Avançons sans bruit.

DOM LOUIS, *s'arrêtant.*

Vas dire à la servante qu'elle laisse la porte de la
rue ouverte.

REBOLLEDO.

Je lui ai dit. (*Isabelle, qui a caché sa lumiere & qui
s'est tournée contre le mur, la souffle.*)

DOM LOUIS, *cherchant.*

C'est Isabelle.

REBOLLEDO.

La voilà qui vient de souffler sa lumiere.

DOM LOUIS, *immobile & avec transport.*

C'est-elle-même ! Mon cœur me l'a dit avant toi.
Heureuse rencontre ! il faut tout hasarder.

REBOLLEDO, *le tirant par son pourpoint.*

Etes vous en état d'entendre un avis ?

DOM LOUIS, *hors de lui.*

Non.

REBOLLEDO.

En ce cas je ne vous dis rien. Faites ce que vous
voudrez.

DOM LOUIS, *faisant quelques pas.*

Je vais m'avancer, & enlever Isabelle. Toi, empêche, avec tes camarades qui sont en dehors, qu'on
ne me suive.

REBOLLEDO.

Allez ; nous sommes prêts.

ISABELLE, *qui est restée immobile.*

Si je remue, ils vont me découvrir.

DOM LOUIS, *revenant deux pas en arriere.*

Souvenez-vous que l'endroit du rendez-vous est sur
la premiere montagne, à l'entrée du chemin à droite.
(*Il saisit Isabelle qui veut s'enfuir.*)

ISABELLE.

Ah ! traître ! (*haut.*) Monsieur, que voulez-vous ?

DOM LOUIS, *l'entraînant.*

Excusez un amant qui ne se connoît plus.

ISABELLE.

Vous osez m'enlever ! O Ciel ! mon pere ! mon Pere !
votre fille....

REBOLLEDO.

Ne perdez pas de tems. Mettez-là sur votre cheval,
& piquez des deux.

SCENE VI.

REBOLLEDO, CRESPO, *en chemise &*
sortant de l'appartement de Dom Lope.

CRESPO.

MA fille ! ma fille ! je viens à tes cris. (*Apperce-*
vant Rebolledo qui l'empêche de sortir en lui présen-
tant la pointe de l'épée)

Misérable ! tu me fermes le passage ! Ah ! si j'avois
mon épée.....

REBOLLEDO, *en garde, & bouchant la porte.*

Retires-toi, ou tu es mort.

CRESPO.

Eh ! que m'importe la vie , quand je fuis deshonoré ?
lâches , donnez-moi mon épée.

REBOLLEDO.

Prends garde à toi ; nous fommes plufieurs.

CRESPO, *lui préfentant la poitrine.*

Otez-moi donc la vie , ou fuffiez-vous aux enfers , je
vous y pourfuivrois.

REBOLLEDO , *de fens froid.*

Nous ne voulions pas ta vie ; nous voulions ta fille.
L'un n'étoit pas plus difficile que l'autre.

CRESPO, *fe jettant fur lui.*

Ma fille ! Ah ! malheureux !

REBOLLEDO , *le renverfant par terre , fans fe
servir de fon epée.*

Rends-moi grace de te laiffer la vie. (*à part , en s'en
allant.*) Notre chef eft en fûreté ; allons , mes amis ,
marchons,

SCENE VII.

CRESPO, *feul.*

L'Age a trahi mes forces. Miférable que je fuis !..
Ma fille , ma chere fille , je n'ai plus que des larmes
à te donner. (*Il fe releve avec beaucoup de peine.*
Je fuis anéanti par la douleur. (*Il va à la porte , qu'il
trouve fermée.*) Je fuis abandonné.... les traîtres m'ont
enfermé.... Malheureux Crefpo tu as vécu trop d'un jour
(*avec l'air du défefpoir.*) Ciel ! eft-il poffible ? La
rage.,,... la fureur..., Si je les avois fuivis , mes efforts
impuiffans ne devenoient qu'un triomphe de plus pour,
ces forcenés. (*Il réfléchit & prend fur lui par degrés.*)
Raffemblons les forces d'un corps prefqu'éteint ; &,
s'il eft un moyen de réparer mon honneur, tâchons
de m'en fervir. (*Il rêve.*) Ma fille ! faifons un effort fur
moi-même ; que mon ame reprenne fon affiete & ren-
dons l'équilibre à mes efprits égarés.

SCENE VIII.

CRESPO, INES.

INÉS.

AH! mon oncle , que vous eft-il arrivé ? Vous
étiez enfermé , & vos cris....

CRESPO, *vivement.*

Isabelle est enlevée.

INÉS.

Ciel! ma cousine! j'y cours.

CRESPO, *l'arrêtant.*

Où iriez-vous? vous exposer au même malheur! Remerciez le ciel de ne pas vous y être trouvée? les barbares..mais je les ai reconnus. (*à lui même à part*) Reprenons un peu notre sang.froid ; c'est le jour où j'en ai eu le plus de besoin. Les démarches fausses tournent au désavantage de celui qui a la justice de son côté.

INES, *agitée*

Je ne puis soutenir mon inquiétude ; permettez..

CRESPO, *absorbé.*

Tenez-vous tranquille. Laissez-moi rendre le calme à mes sens. Faites-moi le plaisir de m'apporter mon chapeau & mon habit.

INES.

J'y vais.

SCENE IX.

CRESPO, *seul.*

CIEL! ma fille! j'entends tes cris.... Je ne puis détourner mes yeux du tableau affreux qu'enfante mon imagination. A quoi me sert donc le peu de jugement que le ciel m'a donné, si je ne puis me rendre le maître de mes sens?

SCENE X.

CRESPO, INES, *apportant l'habit & le chapeau.*

CRESPO.

EN vous remerciant, Inès. Où est la servante?

INÉS.

Je ne sçais ; je ne l'ai pas vue depuis le départ de Dom Lope.

CRESPO.

Elle étoit du complot (*On entend marcher, & du bruit.*)Quel bruit! Encore quelque nouvelle attaque! Que peuvent-ils me faire de plus?

INES.

On vient encore! Que vais-je devenir? Je fuis.

SCENE XI.

CRESPO, LE GREFFIER, LES RECORDS.

LE GREFFIER, *le faluant très-respectueu-fement.*

JE viens: Monfieur, annoncer une grande nouvelle; réjouiffez-vous.

CRESPO.

Me rejouir, moi ! & de quoi, grand dieu !

LE GREFFIER.

On s'eft affemblé, comme il eft d'ufage, à la pointe du jour; on vous attendoit, vous n'êtes point venu, & cependant vous venez d'être nommé Alcalde.

CRESPO.

Dans tout autre inftant je n'aurois jamais été fi fenfible au choix que l'on veut bien faire de moi.

LE GREFFIER.

Pour entrer en exercice, vous avez un grand événement On vient de dépofer à l'entrée du bourg Dom Louis, fils de Dom Lope de Figuéra..... Il eft bien bleffé.

CRESPO, *avec un fentiment de joie perce malgré lui.*

Ciel, tu as pris pitié de ma mifere !

LE GREFFIER.

On ne dit pas par qui; mais il faudra faire des recherches. Il y aura bien de bonnes procédures à faire.

CRESPO, *à part.*

Lorfque je ne fuis occupé que de ma vengeance, je me trouve pourvû d'une Charge qui me met en état de me fatisfaire. Quels mouvemens fe paffent dans mon ame ! J'en rougis. Puis-je écouter mon reffentiment quand on me confie le foin d'arrêter celui des autres ! Réfléchiffons avant de prendre mon parti. (*Il refte un inftant recueilli: haut.*) Je reçois avec reconnoiffance l'honneur qu'on me fait

LE GREFFIER,

Allons à la Maifon de Ville; vous y prendrez poffeffion de votre emploi, & vous ferez enfuite les recherches néceffaires.

CRESPO.

Partons. (*à part*) Que la juftice & la faine raifon veillent fur mes actions.

Fin du troifieme Acte.

ACTE

ACTE IV.

SCENE PREMIERE.

DOM LOUIS, *approté dans un fauteuil, le bras en écharpe,* REBOLLEDO, *sans épée.*

DOM LOUIS, *fort abattu.*

Ma bleſſure n'étoit rien ; pourquoi m'apporter ici?
REBOLLEDO.
Vous étiez ſans connoiſſance. On n'a pu ſçavoir votre état qu'après vous avoir panſé ; ſans cette précaution vous couriez riſque de la vie.
DOM LOUIS, *reprenant un peu ſes ſens.*
Je me porte mieux ; je veux partir. (*Il reconnoît la ſalle de Creſpo.*) Il faut que tu aies perdu la tête , pour ſouffrir qu'on me conduiſît ici après ce qui s'eſt paſſé.
REBOLLEDO.
Eh ! en ai-je été le maître ? Je tremble plus que vous ; où les grands ſe tirent d'affaire , les petits ſont pendus. Au moins c'eſt vous qui l'avez voulu.
DOM LOUIS, *faiſant un effort infructeux pour ſe lever.*
Allons finiſſons tous ces diſcours; & partons.
REBOLLEDO.
Mais , partir ! Je vous dis encore une fois que nous ne le pouvons pas. Une vingtaine de payſans armés ont ſignifié l'ordre de vous conduire chez Creſpo , de la part de l'Alcalde.
DOM LOUIS.
Qu'eſt-ce qu'un homme comme moi a de commun avec la juſtice ?
REBOLLEDO.
Je voudrois bien , pour moi, n'avoir pas de communauté avec elle. J'en ferai mauvais marchand.
DOM LOUIS.
Qu'elle faſſe tout ce qu'elle voudra , on ſera , toujours obligé de me renvoyer au Conſeil de guerre. (*Il regarde s'il eſt ſeul.*) Qu'eſt devenue Iſabelle ?
REBOLLEDO.
Je n'ai oſé m'en informer. Eſt-ce que vous y penſez encore ? Après....
DOM LOUIS.
Ah ! Rebolledo, la bleſſure qu'elle m'a faite eſt bien

F

plus profonde que celle que j'ai reçue ; pourvu qu'elle
n'ait point été blessée.

REBOLLEDO.

Je ne le crois pas. Mais que vois-je ? ma foi , cela est
sérieux. Les voilà. J'ai plus de peur ici que si j'étois à une
bataille.

SCENE II.

DOM LOUIS, REBOLLEDO, CRESPO.

CRESPO, *à la porte aux records.*

SAISISSEZ-VOUS de toutes les portes , & ne laissez
pas entrer un soldat sans exception ; s'il s'en présente un,
tuez-le moi sans balancer.

DOM LOUIS, *sans retourner la tête.*
Qui ose entrer de cette manière où je suis ?

CRESPO.
On ose , dites - vous. En effet , la justice a bien des per-
missions à demander.

DOM LOUIS.
La Justice ! quelque titre que vous ayez , apprenez que
vous n'avez aucun pouvoir sur moi.

CRESPO.
Holà ! quelqu'un.

LE GREFFIER, *entrant avec ses records.*
Que voulez-vous ? (*Il fait signe de saisir Dom Louis
& Rebolledo.*)

CRESPO.
Saisissez ce soldat , & menez-le en prison.

REBOLLEDO, *tenu de chaque côté par un records.*
Je m'en plaindrai à mon Général. (*à part..*) Tout ce-
ci prend une mauvaise tournure ; mais je chargerai Dom
Louis.

CRESPO.
Qu'est-ce que tu marmottes tout bas ! Tu t'en plaindras
à ton Général , si la justice t'en laisse la liberté. (*On
l'emmene. A Dom Louis.*) Il faut commencer par quitter
votre épée.

DOM LOUIS, *deux hommes à ses côtés.*
Mon épée !

CRESPO.
Oui un prisonnier n'en a pas besoin.

DOM LOUIS, *avec hauteur.*
Insolent ! sçais-tu que tu me dois du respect ?

CRESPO.
Je vous en devois , & je ne vous en dois plus.(*On l'at-
tache sur une chaise , & on lui ôte son épée.*)

DOM LOUIS, *se défendant.*

Ils font plus fort que moi ; fi je n'avois pas été blessé....

CRESPO.

Monfieur, point d'emportemens. Je ne viens ici que pour un feul objet. Il faut que nous foyons feuls.

DOM LOUIS.

Je te l'accorde. Voyons. (*a part.*) C'eft la loi du plus fort.

CRESPO.

Je vous remercie. (*au Greffier & à fa fuite.*) Sortez & ayez l'œil au guet fur les foldats.

LE GREFFIER.

Nous n'y manquerons pas.

SCENE III.

DOM LOUIS, CRESPO.

CRESPO, *affis.*

IL faut vous prévenir, Monfieur, que fi j'ai pris fur vous tous ces droits, c'eft que, de ce matin, je fuis nommé Alcalde.

DOM LOUIS, *fiérement.*

Vous êtes Alcalde ! que cela peut-il avoir de commun avec moi !

CRESPO.

Il eft étonnant, Monfieur, qu'on vous ait laiffé ignorer les loix d'un pays où vous tenez un rang confidérable. L'Alcalde eft chef d'un Tribunal qui juge en fouverain felon les loix de l'Andaloufie, & qui connoît feul des délits qui arrivent dans fon diftrict. Le Roi, à fon couronnement auquel vous alliez affifter, va jurer de les maintenir. Comme Magiftrat, je me fuis fervi de mon autorité pour vous forcer à m'écouter ; à préfent que je ne fuis plus qu'un fimple particulier... (*il pofe fa baguette fur la table.*)

DOM LOUIS.

Si vous voulez que je vous écoute, détachez-moi donc.

CRESPO, *reprenant fa baguette.*

Donnez-moi, à ma qualité d'Alcalde, votre parole d'honneur que vous ne fortirez pas.

DOM LOUIS, *noblement.*

Je vous la donne.

CRESPO, *le détachant & s'affeyant.*

Je ne veux, Monfieur, que vous confier mes chagrins. Nous fommes feuls, Dom Louis. Il eft temps de rompre le filence & de vous ouvrir mon cœur. Excepté la nobleffe, Dieu m'eft témoin qu'il ne me refte rien au monde à defirer. Je me fuis toujours vu refpecté par mes égaux & eftimé de mes fupérieurs. J'ai du bien fuffifamment. n'y a pas de laboureur plus riche dans la contrée. Ma fille a reçu une éducation vertueufe & fage ; elle ne la démentira pas , fi du moins elle reffemble à fa mere. Il faut bien que ce peu de vertu, dont on me loue , foit folide puifque perfonne n'en doute ; quoi-que je vive dans un petit endroit où l'on n'aime rien tant qu'à chercher des défauts & à les remarquer. Que ma fille foit belle , on n'en peut juger par les excès où Dom Louis, fils de Dom Lope de Figuera , le Mars de l'Efpagne , s'eft porté. Vous avez enlevé ma fille , & fans un coup du Ciel, vous l'auriez déshonorée ; malgré la grandeur de l'ou-trage que vous m'avez fait , & que les loix répriment avec tant de force , je defire moi-même de l'enfevelir dans l'oubli. Vous fçavez qu'il n'y a pour cela qu'un feul moyen , & ne croyez pas que Dom Louis fe faffe méprifer pour réparer le tort qu'il a fait....Je ne regarde pas fi cette réparation me fera avantageufe & honorable. C'eft l'honneur feul de ma fille qui me touche. Prenez tout mon bien ; il n'eft pas à dédaigner ; je ne m'en referve pas un fou pour mon fils , ni pour moi ; je le forcerai à venir fe mettre à vos pieds pour vous demander pardon de la bleffure qu'il vous a faite : du refte , nous vivrons comme nous pourrons, duffions-nous aller mandier notre pain, duffions-nous nous vendre nous-même pour aug-menter encore la dot que je vous offre ; mais rendez moi l'honneur que vous m'avez ôté ; le vôtre n'en fouffrira pas. Si vos enfans fe trouvent mes petits-fils , croyez-moi, la nobleffe de votre fang aura bien-tôt purifié en eux la roture d'un homme de bien. Enfin , ayez pitié de mes cheveux gris. J'embraffe vos genoux ; laiffez-vous toucher par les larmes dont je les arrofe. (*il fe met à fes genoux.*) Je vous demande l'honneur que vous m'avez fait perdre.

DOM LOUIS.

L'honneur! Ah ! ne croyez pas j'aie attenté...

CRESPO , *toujours à genoux.*

Oui , Dom Louis , il eft fûrement gravé au fond de votre cœur, cet honneur que je réclame, & la fim-plicité de nos mœurs doit vous prouver qu'il n'eft pas perdu ici comme dans les grandes villes. Vous avez enlevé ma fille ; votre paffion étoit à fon comble. Que voulez-vous que devienne mon enfant !.... Tout le pays fçaura fon enlevement. Vous lui avez fait plus de tort que fi vous lui aviez ôté la vie. A nous voir tous les deux , on auroit peine à croire que je fuis l'offenfé ; mais n'importe , rien ne me coûte , quand il s'agit de rendre l'honneur à deux perfonnes qui me font fi cheres.

DOM LOUIS, *le faifant relever.*

Mais quand je le voudrois, mon pere...

CRESPO.

Charmant jeune homme, il eſt de l'appanage de l'humanité de faire des fautes ; mais rien de ſi honorable pour elle , que de vouloir les réparer. Donnez m'en votre parole autant qu'il eſt en vous.

DOM LOUIS.

Mais quand je vous la donnerois ? Connoiſſez-vous Dom Lope ?

CRESPO.

Je le connois comme vous. Le ton qu'il a contracté en commandant une ſoldateſque indiſciplinée , n'empêche pas qu'il n'ait tous les ſentimens d'honneur dignes de ſon nom.

DOM LOUIS.

Vous ne connoiſſez pas ſa ſévérité.

CRESPO.

Il n'en a pas eu aſſez pour vous , ou plutôt il vous a laiſſé ignorer les ſeuls principes qui élevent l'homme au-deſſus du commun. Ah ! Dom Louis, il ne falloit que vous montrer la vertu pour vous empêcher de vous égarer.

DOM LOUIS, *ému.*

Eh bien ! Creſpo, il faut que je vous l'avoue ; c'eſt une paſſion comme je n'en ai jamais ſentie. Depuis que j'ai vu Iſabelle , je n'ai goûté aucun moment de tranquillité. Mon ame a été en proie à toutes les fureurs de l'amour. Ce que vous venez de me dire , l'eſpérance d'obtenir le conſentement de mon pere , l'eſpoir d'être uni à Iſabelle , peuvent ſeuls rétablir le calme dans mon ame.

CRESPO.

Souffrez que je vous tienne ici renfermé. Vu ma qualité d'Alcade , & malgré toute l'autorité de votre pere , j'aurois été en pouvoir de me faire juſtice de l'outrage que vous avez fait à ma vieilleſſe ; mais je me ſuis bien gardé de montrer un moyen , qui, je ſuis ſûr, vous auroit révolté. J'aime mieux le devoir à votre vertu.

DOM LOUIS , *à part.*

Quel homme ! grand Dieu ! qui peut lui réſiſter ? (*haut.*) Je ſens que mon bonheur , mon exiſtence , tous les liens qui me tiennent à la vie , dépendent de cette union.... Si vous euſſiez été à portée de voir comme moi ſa timide pudeur , l'air impoſant & noble qu'elle prenoit au moment même où , emporté par ma paſſion , j'employois tout pour lui arracher ſon conſentement. Ah ! Creſpo , s'il eſt écrit que , pour être heureux, il faille que je trouve réunis l'eſprit, le mérite & la beauté, Iſabelle raſſemble tous ces avantages. Mais , mon pere... enfin je vous donne ma parole , au-

tant que j'en puis difpofer. Qu'Ifabelle veuille la recevoir, & qu'elle daigne me pardonner.

CRESPO.

Ceci me regarde, c'eft à moi de faire confentir Dom
Figuéra ; mais, fi d'après les fentimens que vous venez
de me montrer, fi Dom Lope refufoit fon confentement ;
s'il s'oppofoit à la feule réparation qu'il nous doit ;
comptez fur ma parole, je vous en faurai gré. (*il appelle.*) Greffier ?

─────────────────────────

SCENE IV.

DOM LOUIS, CRESPO, LE GREFFIER.

LE GREFFIER.

ME voilà.

CRESPO.

Conduifez Dom Louis dans la chambre au bout du
jardin : qu'on le garde, & qu'on ne le laiffe parler à
perfonne. Tuez tout ce qui voudra approcher. Au furplus, donnez-lui tout ce qu'il demandera, & fervez-le
avec le refpect qui lui eft dû. (*Ils emmenent Dom Louis
en le foutenant, vu fa foibleffe.*)

─────────────────────────

SCÈNE V.

CRESPO, *feul & affis.*

AH! Pere imprudent, je rougirois, fi j'avois laiffé
mon fils à la merci de l'impétuofité de fes paffions.
Dom Louis n'a pas tort ; fans aucuns principes, il s'eft
cru tout permis ; au lieu de faire germer fes bonnes
qualités, on les a étouffées. (*Il fe met à écrire, &
rêve de temps en temps,*)

─────────────────────────

SCENE VI.

CRESPO, JUAN, *tout échevelé, l'air égaré.*

JUAN, *à part, en entrant.*

DEpuis que j'ai bleffé le traître, j'ai couru partout
fans trouver ma fœur. Ciel! voici mon Pere! (*il n'o-
fe avancer.*)

CRESPO , *finiſſant d'écrire, & l'appercevant.*

Qui vous a donné la hardieſſe de vous preſenter de-vant moi!

JUAN.

A qui puis-je demander conſeil, ſi ce n'eſt à vous, mon pere ?

CRESPO.

Après la faute que vous avez commiſe ?

JUAN.

Quelle faute donc ?

CRESPO.

Quoi ! Après avoir aſſaſſiné votre Capitaine, le fils de votre Général.

JUAN , *s'approchant , avec feu.*

Si je l'ai fait, mon pere, c'étoit pour ſoutenir votre honneur & le mien. Je me ſuis battu en brave hom-me ; l'obſcurité de la nuit m'empêchoit d'avancer auſſi vîte que je le devois. Je ne ſçais ſi c'eſt preſſentiment ; mais en ſortant du bourg, j'ai apperçu un Cavalier qui pouſſoit ſon cheval le long de la haie..... La voix d'Iſabelle que j'ai cru entendre, me l'a fait arrêter & m'a donné la force de précipiter le Cavalier à terre. Iſabelle, car c'étoit elle-même, a diſparu ; me ſentant attaqué, & joignant la colere à l'adreſſe, j'ai percé mon ennemi, &, incertain du ſort de ma ſœur, j'ai erré dans les environs du bourg, juſqu'à ce que, ne pou-vant ſupporter mon inquiétude, je ſuis arrivé ici.

CRESPO.

Comme pere, j'ai toute l'indulgence poſſible pour cette action ; mais, comme Juge, il faut que je faſſe faire les informations, & que tu te conſtitues priſonnier. Je vais te faire conduire dans la chambre ici à côté.

JUAN.

Mon pere écoutez mes raiſons.

CRESPO.

Je les ſçais toutes ; mais je me reprocherois même d'héſiter.

JUAN.

Quelle conduite, grand Dieu ! Oteriez-vous l'honneur à qui vous le rend, & le laiſſeriez-vous à qui vous l'ôte !

CRESPO.

Votre âge peut me faire excuſer la témérité de votre jugement. C'eſt un pere tendre qui ne vous déſapprou-ve peut-être pas ; mais qui a beſoin de toute ſa fer-meté, & probablement de la vôtre. Je vous enverrai chercher quand il en ſera temps. Holà ! Greffier, qu'on le renferme dans cette chambre, & qu'on le garde.

JUAN.

Mais, mon pere, au moins vous ne me blâmez pas !

CRESPO.

Emmenez-le.

SCENE VII.

CRESPO, *seul, écrivant & s'abforbant dans fes réflexions.*

SI je te blâme! je t'en aime mille fois davantage... Quelle fuite entraîne après elle une première injuftice!... Lorfque j'envifage mon malheur, mon cœur fe brife.... Ah! mon fils! Ah! ma fille! (*il s'attrifte.*) Donnons à la nature tous les fentimens qu'elle demande.

SCENE VIII.

CRESPO, ISABELLE, *échevelée, & dans le plus grand défordre, fe jettant aux genoux de fon pere.*

ISABELLE.

AH! mon pere! croyez...

CRESPO.

Ah! ma fille, fi je ne le croyois, vous mourriez de ma main à l'inftant, pour réparer mon honneur. (*Il la releve.*)

ISABELLE.

Mon pere, quel cruel moment! malgré ma réfiftance & mes cris, ils m'ont placée fur un cheval, & Dom Louis, aidé de fes déteftables complices, m'entraînoit, fans mon frere, qui, me reconnoiffant à mes cris, a forcé Dom Louis à me laiffer en liberté.

CRESPO.

Qu'êtes-vous devenue depuis.

ISABELLE.

Epuifée, défefpérée & mourante, je me fuis traînée à l'Hôtel-de-Ville, où un long évanouiffement, préférable à l'horreur où je fuis, m'a fait refter jufqu'à ce moment. Les tendres foins d'Inès m'ont fait revenir, & elle vient de me ramener ici. Ah mon pere! permettez que je vous embraffe.

CRESPO, *la repouffant douloureufement.*

Ma fille, vous avez déformais un juge pour pere, comptez qu'il vous rendra juftice.

ISABELLE.

Vous me repouffez! Ah! mon pere! je fuis votre fille.... Vous m'aimiez. Voyez s'il faut que je meure
pour

pour rétablir mon honneur, la vie n'est plus qu'un far-
deau pour moi. (*elle tombe à ses genoux.*)

CRESPO, *attendri.*

Mon Isabelle, crois-tu ?... Sois sûre de toute ma tendresse. (*Il la releve.*) Ma fille, il ne faut pas nous
amuser à verser des pleurs.

ISABELLE.

Il est donc des malheurs qu'on ne peut ni prévoir,
ni parer !

CRESPO

Il est des situations où il faut employer ses forces.

ISABELLE. *fierement.*

M'avez-vous mise à l'épreuve pour sçavoir jusqu'où
elles peuvent aller ? Ah ! mon pere, je croyois venir
trouver des consolations dans mon malheur, & je vous
en vois presqu'accablé. Vous mon pere ! Ah ! si j'osois...

CRESPO.

Parlez.

ISABELLE.

Je ne puis. La façon dont vous venez de me traiter
me prouve, ou que vous n'êtes plus le même, ou
que le chagrin est plus fort que votre raison.

CRESPO.

Je t'écoute.

ISABELLE.

Tremblez.

CRESPO.

Dis toujours.

ISABELLE.

Je vais vous déchirer le cœur.

CRESPO.

Je m'attends à tout.

ISABELLE.

Je mérite la mort, je ne puis haïr Dom Louis.

CRESPO.

Fille imprudente ! c'est donc de concert avec lui !....

ISABELLE.

Non, il l'ignore. C'est à mon pere que je le dis,
je ne dois rien lui cacher.

CRESPO.

Continuez.

ISABELLE.

Le sang-froid que j'ai conservé dans le danger, m'a
fait étudier ses mouvemens. Vous l'avouerai-je ? jamais
action violente ne fut accompagnée de sentimens plus
tendres & plus respectueux. Toute ma reflexion étoit
pour lui. Je ne peux, mon pere, m'empêcher de prendre à lui le plus grand intérêt. Que ne suis-je digne
de lui !

CRESPO.

Songes-tu à ce que nous fommes , & quel rang il occupe ?

ISABELLE.

L'époufer ou mourir, voilà mon fort arrêté pour jamais. Il eft venu troubler ma tranquillité , & au moment où il me fait la plus forte infulte, je me fens furprife d'une paffion que je n'ai jamais fentie. C'eft à mon pere , qui fçait commander aux fiennes , que je viens demander confeil ; c'eft à fa raifon que je m'adreffe. Je rougis, avec moi-même , d'un fentiment dont je n'ai pu me défendre.

CRESPO.

Ta fincérité mérite la mienne. Sans fçavoir les mouvemens de ton cœur , dans le fond du mien votre honneur demandoit l'un ou l'autre... Fille que j'aime, tu vas toi-même me conduire dans le chemin le plus difficile. Tu époufe ras Dom Louis , ou nous mourrons enfemble.

ISABELLE.

Vous , mon pere ! j'aime mieux être anéantie à jamais.

CRESPO.

Voilà le premier moment de confolation dont j'ai joui. Sans toi , la perte de ta mere m'auroit conduit au tombeau ; fi tu m'es ravie par un événement fi trifte , je n'ai plus d'exiftence. Le bonheur de ma fille eft tout ce que je defire. Mais nous calculons comme fi nous ne pouvions pas réuffir ; toutes mes efpérances ne font pas anéanties.

ISABELLE.

Quelle confolation j'ai trouvée dans mon pere ! Il me refte un regret. Vous vous figurerez peut-être que l'ambition me fait tout facrifier ; mais rendez votre amitié entiére à votre fille , & croyez qu'il n'entre, dans ma conduite, autre chofe qu'un fentiment qui feroit mon malheur, fi je n'obtiens pas Dom Louis , & fi je refte tachée de l'affront qu'il m'a fait. Ah ! mon pere , rendez le calme à mes fens.

CRESPO , *après l'avoir ferrée dans fes bras*.

Ma fille , ma chere fille , ce que tu viens de me dire te rend mille fois plus chere à mon cœur. Tu es malheureufe , & tu me donnes ta confiance. Sois certaine que je donnerai ma vie pour toi. Adieu , ma fille ; nous nous reverrons peut-être heureux. Il faut figner la Requête en votre nom. Je vais à l'Audience.

SCENE IX.

ISABELLE, *seule.*

Quel enchaînement de circonstances est venu troubler ma tranquillité ! Mon pere, mon frere, vous étiez fiers de ma sagesse, elle faisoit toute votre gloire, & l'amour me fait excuser celui qui m'a fait un si sanglant outrage. Punissez-moi, ou prenez pitié de ma foiblesse. Je suis résolue à tout, plutôt que de rester en proie à mes chagrins.

Fin du quatrieme Acte.

ACTE V.

SCENE PREMIERE.

CRESPO, *seul.*

Rassemblons, s'il se peut, toutes mes facultés, & recueillons-nous au-dedans de nous-mêmes, pour suivre décidemment le parti que j'aurai pris. (*Il s'assied.*) Tu as donc vécu, Crespo, jusqu'au terme ordinaire de la vie humaine pour voir le déshonneur dans ta famile ! Ma chere Isabelle, tu es pure ; mais une race d'honnêtes-gens, sans aucune tache, transmise par mes peres jusqu'à moi, se trouve souillée par un événement que je ne pouvois ni parer, ni prévoir. Tu l'aurois pu, Crespo, si, te conduisant par les mêmes principes de ta fermeté ordinaire, à l'instant que tu as entendu la sérénade, tu étois descendu te montrer au perfide tel que tu devois être. (*Il rêve.*) Si je ne réussis pas, je ne puis soutenir l'idée d'être la fable de tout un district, d'entendre dire : elle a été enlevée, & d'y voir ajouter toute l'interprétation maligne de la méchanceté ; & ma fille sera donc en proie à une passion dont elle s'étoit préservée. (*il s'absorbe dans son chagrin & écrit.*) Je tiens à mon projet.... Que Dom Lope y consente, ou qu'il refuse ma fille mon parti est pris.... s'il m'accepte, je sortirai glorieux du péril.... S'il me refuse, ma mort imprimera sur eux une tache ineffaçable. (*son visage reprend un peu de calme ; il rêve, & écrit ici avec chaleur.*) Amour de la gloire, où vas-tu te placer ? (*en silence, & écrivant*

G 2

toujours.) L'histoire du cœur humain eſt inexplica-
ble. (*Il écrit toujours.*) C'en eſt fait ; mon parti eſt
pris. Holà ! Greffier.

SCENE II.

CRESPO, LE GREFFIER.

LE GREFFIER.

ME voilà.

CRESPO, *continuant d'écrire.*

Ah !... qu'on faſſe venir ce Sergent qui accompagnoit
Dom Louis.

SCENE III.

CRESPO, *seul.*

TAchons de prendre une connoiſſance certaine du
caractere de Dom Louis. Sçachons ſi c'eſt jeuneſſe, ou
défaut d'ame.... Fût-il Infant, avec de tels vices je ne
lui donnerois pas ma fille pour faire ſon malheur.

SCENE IV.

CRESPO, REBOLLEDO *lié*, LE GREFFIER.

LE GREFFIER.

ON l'a lié, parce qu'on ne pouvoit en venir à bout.

REBOLLEDO, *insolemment.*

Me voilà. Mon Capitaine m'a dit que nous n'avions
que faire d'être jugés par votre juſtice, que nous
avions un conſeil de Guerre.

CRESPO, *séchement.*

Je te conseille pourtant de me répondre comme à
un conſeil de Guerre ; c'eſt ton plus court.

REBOLLEDO.

Eh bien ! que voulez-vous que je vous diſe ! J'ai fait
tout par ordre de Dom Louis. Adreſſez-vous à lui.
Je ſuis sergent dans la compagnie, & je dois lui obéir
aveuglément.

CRESPO, *encore plus séchement.*

Oui, dans les choſes de ton métier, entends-tu ?

REBOLLEDO, *ironiquement.*

N'étoit-ce pas mon métier, puisqu'il me l'avoit ordonné? Il falloit bien vous arrêter, quand vous veniez crier après lui comme au feu.

CRESPO.

Tu plaisantes, homme vil, quand il ne s'agit rien moins que de ta vie.

REBOLLEDO, *à part.*

La vie! morbleu ne badinons plus.

CRESPO.

N'est-ce pas toi qui as donné le premier à Dom Louis, le désir de voir Isabelle?

REBOLLEDO.

Chacun se tire d'affaire comme il peut; s'il avoit voulu me croire, il n'auroit pas poussé les choses si loin.

CRESPO.

Réponds juste. (*au Greffier.*) Greffier écrivez. *à Rebolledo.*) Que lui as tu dit?

REBOLLEDO.

Je lui avois dit qu'elle étoit jolie. Qui diable eut pu croire que la tête lui eut tourné sur le champ? Vous êtes, à ce qu'on dit, un homme de parole; voulez-vous me renvoyer? Je vous dirai tout. (*Crespo reste immobile, le fixant.*) Au surplus, vous m'avez quelqu'obligation; car, au fait, il ne tenoit qu'à moi de vous tuer. Vous me le demandiez, & à nous autres, cela ne nous coûte pas plus que de tuer un poulet.

CRESPO, *à part.*

Est-il possible qu'il y ait des êtres si malheureusement nés, & qu'un homme du rang de Dom Louis se lie avec de pareils gens? (*haut.*) Ecoute-moi, la seule chose qui puisse te sauver & me mettre dans le cas de reconnoître ton prétendu service, la voici: c'est de la sincérité.

REBOLLEDO, *à part.*

Ah bien! je vais en dégoiser; Dom Louis s'en tirera comme il pourra. (*haut.*) Je suis venu ici sans le sou. Ah! c'est la pure vérité.

CRESPO.

Je te crois.

REBOLLEDO.

J'ai entré chez-vous; vous avez pris mon billet de logement; j'ai vu votre fille; elle m'a paru, ce qu'elle est, superbe. Je l'ai dit à Dom Louis; c'est un jeune homme tout neuf dans ses passions; car voilà deux ans que je ne le quitte pas, & il ne trouvoit de belles femmes que les Duchesses de Madrid. J'ai cru que cela me vaudroit quelque chose; je lui

ai dit que vous aviez une très-belle enfant ; il m'offre
fa bourfe dès qu'il la voit, & il n'a ni ceffe, ni
repos, q'il ne l'enleve. Tout le refte vous le fçavez.
Qu'auriez-vous fait a ma place ?

CRESPO.

Je me ferois brûlé la cervelle, fi j'avois eu une
penfée auffi dépravée.

REBOLLEDO.

Bon pour vous. Vous vouliez tantôt que je vous
tuaffe ;.... mais moi, j'ai pris l'argent & l'ai fervi.

CRESPO.

Et Dom Louïs commence fes hauts faits par un enlevement !

REBOLLEDO.

Oui, je vous le jure ; c'eft fans réflexion.

CRESPO.

Je le fouhaite. Tu le lui as donc confeillé.

REBOLLEDO.

Je m'en ferois bien gardé ; mais j'ai été obligé de
lui obéir.

CRESPO.

Je veux croire que tu m'as parlé vrai. Tiens,
voilà deux moïedes, (_Ils les lui préfente._) pour
te faire donner tout ce que tu voudras en prifon.

REBOLLEDO, _confus._

Morbleu, vous êtes donc un ange ; vous me rendez
tout honteux. J'ai de l'argent du prix de mes fottifes.
Gardez le vôtre, je ne le mérite pas.

CRESPO, _le lui mettant dans fa poche._

Prends-le ; s'il fert à te faire rentrer en toi-même,
il eft très-bien employé. (_au Greffier._) Qu'on le
ramene à la Geole.

REBOLLEDO, _en s'en allant._

C'eft dommage qu'il n'ait pas fervi ; car fûrement
il auroit été un brave homme.

SCENE V.

CRESPO, _feul, écrivant._

Finiffons, & fignons la donation. Il ne me refte
plus qu'à voir mon fils, & fonder fi fon ame eft
auffi forte que la mienne. Pour mieux m'en affurer,
faifons lui figner cet écrit. (_il figne._) Holà ! Greffier, qu'on m'amene mon fils. (_Le Greffier fort._)
L'honneur avant tout ; la vie ; les biens & la fanté
après. Il me vient un certain frémiffement, quand je
fonge.... Mais le voici.

SCENE VI.

CRESPO, JUAN, LE GREFFIER.

CRESPO.

Qu'on nous laisse seuls. (*Le Greffier sort.*) Mon fils, ce n'est point pour t'interroger, c'est pour parler avec mon ami que je t'ai envoyé chercher.... C'est pour lui faire part de mes tristes réflexions sur la cruelle situation où je me trouve.

JUAN.

Ah ! mon pere, je ne crois pas avoir rien fait.... Mais ordonnez.... Vous êtes Juge.

CRESPO.

Oui ; mais je suis pere. Tu n'as point de tort, mon fils, & si nous en avions un, c'est de n'avoir pas prévu l'offense ; car tu t'es conduit avec la bravoure que j'attendois de toi. Nés dans la classe des citoyens ordinaires, notre probité, nos mœurs nous ont, pour ainsi dire, élevés au-dessus de notre état. Voilà tout-à-l'heure soixante hivers que j'ai vécu sans éprouver l'ombre d'une infortune qui touche à l'honneur... Il faut que mes vieux jours ne deviennent qu'amertume. Pouvons-nous survivre à l'opprobre dont nous allons être avilis par la conduite insolente d'un jeune homme ?

JUAN.

Que faut-il faire ?

CRESPO.

Dom Louis s'est égaré ; mais il tend les bras à la réparation que j'exige, & la seule qui puisse nous convenir. Il consent à épouser votre sœur.

JUAN.

Lui !

CRESPO.

Lui-même ; mais Dom Lope, dont nous connoissons, l'un & l'autre la tête, & que son fils connoît mieux que nous, ne voudra peut-être pas y consentir.

JUAN.

Faut-il que....

CRESPO.

Nulle violence, mon fils. Permettez que ma tête couverte de cheveux blancs, conduise votre courage. Pouvons-nous, étant rebutés par Dom Love, passer ici nos jours dans l'opprobre, ou, allant traîner dans un autre pays notre triste existence, porter le déshonneur attaché à nos pas : C'est pourtant notre affreuse position, si Dom Lope ne consent pas.... Je n'ignore pas mes droits, je sçais qu'étant à la tête de la Justice, je puis me la faire moi - même ; mais, mon fils, cette délicatesse, l'honneur enfin, qui coule dans tes veines comme dans les miennes, nous permet-il de tirer une vengeance aussi aisée qu'elle sera authentique ? Ce n'est qu'aux armes d'une autre trempe que les nôtres, qu'il faut laisser ces tristes moyens, dont la publicité comble le déshonneur. J'en fais un autre ; il est digne de ton courage. Il m'élève l'ame ; lui seul remplit toutes mes idées, il m'a soutenu jusqu'à ce moment ; & m'a empêché de me porter à des excès excusables, lorsque l'offense est aussi forte. J'aime mieux nous voir tous anéantis, que déshonorés par le libertinage & l'oppression. Il nous faut le consentement de Dom Lope, ou mourir.

JUAN.

L'un ou l'autre, mon pere. j'y consens.

CRESPO.

Mon fils, mon cher fils.... Je me reconnois en toi. Qu'il est beau de sauver l'honneur par des moyens que personne n'a jamais tentés ! Dom Lope va sûrement arriver & demander son fils. Je le verrai. S'il consent, nous remercierons le ciel. Si je ne puis le toucher, lorsque je t'appellerai, tu ouvriras ces deux portes ; (*Il le tire au coin du devant du Théâtre.*) on pourroit nous entendre ;.... à l'instant où..... (*Il lui parle bas.*) T'en sens-tu le courage ?

JUAN.

Oui.

CRESPO.

Signe la donation.

JUAN, *signant.*

Mon Pere....

CRESPO, *l'embrassant.*

Que je t'embrasse. Dom Lope pourroit venir, laisse-moi seul.

SCENE VII.

CRESPO, *seul.*

TU te flattes, Crespo. Tu esperes ramener Dom Lope à ton avis, l'étonner, le réduire ; enfin le subjuguer. Tu imagines lui faire donner son consentement

tement ; mais fi tous ces moyens te manquoient, fi Dom Lope intraitable refufoit tout , tu deviendrois le bourreau de ta famille ; tu égorgerois deux malheureufes victimes, & tu couronnerois le facrifice en l'immolant toi-même. Honneur ! préjugé ? vous faites mon plus grand fupplice. Je fens mon ame prête à s'envoler à l'idée feule..... (*Il s'attendri.*) Et Dom Louis, j'en fuis le maître, je lui ai donné ma parole. (*Il fe raffure.*) Chaffons toutes ces idées ; abandonnons-nous à la deftinée, &, prenant confeil du moment, fuivons ce qu'il nous infpirera. Lorfque j'ai formé mon plan, j'ai vu une efpérance prefque certaine.

SCENE VIII.

CRESPO, *affis*, DOM LOPE, *frappant déhors.*

DOM LOPE.

Ouvrez , ouvrez.

CRESPO , *à part.*
C'eft Dom Lope. (*haut.*) Qui frappe ainfi chez moi.

DOM LOPE , *entrant.*
C'eft moi, mon ami ; un grand chagrin m'oblige à revenir fur mes pas. Je t'aime trop pour defcendre ailleurs.

CRESPO , *refpectueufement.*
Vous me faites trop d'honneur.

DOM LOPE , *s'affeyant.*
Sais-tu que je n'ai pas vu ton fils ?

CRESPO.
Vous en faurez bientôt la raifon. (*il s'affeoit.*) Faites - moi la grace de me dire ce qui vous ramene.

DOM LOPE , *vivement.*
La plus grande infolence qu'on puiffe imaginer, une effronterie comme on n'en voit pas.... Un foldat m'a joint, & m'a dit.... Tu m'en vois encore tout en colere.

CRESPO.
Pourfuivez.

DOM LOPE , *encore plus vivement.*
Qu'un coquin d'Alcalde avoit fait mettre mon fils en prifon.... Morbleu, cela m'a fi fort ému, que je n'en ai plus fenti ma douleur de jambe ; (*il fe la gratte.*) quoiqu'elle m'empêchât de pouffer mon

H

cheval auſſi vîte que je l'aurois pu , pour punir cette indignité. Vive Dieu , je veux faire mourir le coquin à coups de bâton.

CRESPO , *froidement.*

En ce cas , vous pourriez bien perdre votre peine. Je ne crois pas que l'Alcalde ſe laiſſe donner des coups de bâton.

DOM LOPE.

Il faudra morbleu bien qu'il les reçoive.

CRESPO.

J'en doute très-fort. Savez-vous pourquoi il a fait arrêter Dom Louis ?

DOM LOPE.

Non ; mais quoiqu'il ait fait , c'eſt à moi qu'il falloit demander juſtice. On doit ſçavoir que je ſuis bon pour la faire.

CRESPO.

Vous ignorez donc ce que c'eſt qu'un Alcalde ?

DOM LOPE.

Qu'eſt-ce que ce ſeroit ? Un miſérable payſan, ſans doute Creſpo.

CRESPO.

Miſérable payſan , ſoit. Mais , s'il ſe le met dans la tête , tel qui penſe lui donner des coups de bâton , pourroit bien ſe tromper rudement.

DOM LOPE.

Je ſuis , parbleu , curieux de le voir. Veux-tu dire où il demeure ?

CRESPO.

Pas loin d'ici.

DOM LOPE.

Qui eſt-il enfin ?

CRESPO.

Moi.

DOM LOPE.

Je m'en doutois , morbleu.

CRESPO.

C'eſt , morbleu , la vérité.

DOM LOPE , *s'adouciſſant.*

J'en ſuis fâché ; mon ami ; mais ce qui eſt dit eſt dit.

CRESPO.

A la bonne heure ; mais ce qui eſt fait eſt fait.

DOM LOPE , *s'échauffant.*

Entends-tu ce que je t'ai dit ? Je m'engage à te faire juſtice.

CRESPO.

Je n'ai jamais prié perſonne de faire pour moi ce que je pouvois faire moi-même. Enfin ne me forcez pas à en venir à des extrémités.

DOM LOPE., *en colere.*

Quelle extrêmités! tu t'abufes, mon ami; ne te fâces pas, car d'un mot je fais revenir le détachement. Je paffe tout au fil de l'épée, & mets le feu par tout.

CRESPO, *fagement.*

Prenez garde, Dom Lope, qu'un mouvement de colere ne vous abufe. Si j'étois capable de m'y laiffer entraîner, quel trouble & quelle injuftice une affaire particuliere n'engageroit elle pas? L'autorité du Roi compromife, les fonctions facrées de la Juftice troublées..... Je fuis faifi de votre fils; il eft coupable; j'ai la juftice, &, ce dont vous faites plus de cas, le pouvoir de mon côté. Au moindre mouvement que vous feriez pour le délivrer, il mourroit à l'inftant. Je fais que je le fuivrois de près; mais une heure du moins à vivre à mon âge n'eft rien fur l'étendue de l'éternité.

DOM LOPE, *s'adouciffant.*

Tu es donc Juge dans ta propre caufe?

CRESPO.

Si un étranger étoit venu me demander juftice; je la lui aurois accordée. Ne puis-je faire pour ma fille ce que j'aurois fait pour d'autres? J'ai fait arrêter impitoyablement mon propre fils qui avoit bleffé légitimement le vôtre.

DOM LOPE, *furpris & furieux.*

Morbleu! Mon fils bleffé.

CRESPO.

Ce ne fera rien. Sa vie eft entre vos mains. Pouvois-je refufer d'écouter ma fille? Qu'on faffe revifer le procès; qu'on voie fi j'ai fuborné les témoins, & qu'on me puiffe, fi je le mérite. Votre fils eft coupable de rapt; vous devez connoître les loix.

DOM LOPE.

Tu n'as pas droit de juger, condamner, ni d'exécuter.

CRESPO.

Qui m'en empêchera? Il n'y a qu'un Tribunal ici; toutes les Sentences s'exécutent à l'inftant qu'elles font prononcées. (*d'un ton perfuafif.*) Ah! Dom Lope, un petit retour fur vous-même. Sont ce là les principes que devroit avoir le Mars de l'Efpagne.

DOM LOPE, *s'impatientant.*

Morbleu, je crois que tu veux me faire une leçon.

CRESPO, *vîte.*

Sur l'honneur, j'en prendrois de vous; mais Dom Lope, n'ai-je pas le mien, quoique je ne

veuille faire aucune comparaison avec vous ! Et ma
fille ! quoi ! il est donc né sur la terre un mortel,
qui, parce qu'il est fils de Dom Figuera, bri-
sera toutes les considérations humaines, pour se jouer
de l'honneur d'une fille, qui faisoit toute la gloire
de son pere.

DOM LOPE, *frappant sur sa cuisse.*

Ventrebleu, tu as raison. S'il avoit eu ma diable de jambe, il ne se seroit pas amusé à la bagatelle.

CRESPO, *vivement.*

Voilà comme on est dans un certain rang. On
traite de bagatelle tout ce qui ne cadre pas avec les
regles d'un faux point d'honneur.

DOM LOPE, *furieux.*

Herni diable, moi, un faux point d'honneur !

CRESPO.

Vous êtes vrai, Dom Lope ; vous en conviens-
drez ; car, quelque distance qu'il y ait de vous à
moi, & que je n'ignore pas, que pouvez-vous m'of-
frir en dédommagement ? de l'argent ? j'en ai plus
qu'il ne m'en faut, vu ma condition, & la vie que
je mene. Je suis le plus riche Fermier de la contrée, & aujourd'hui que les mariages se font avec
de l'argent, si Dom Figuera n'étoit pas si riche, peut-
être dédaigneroit-il pas mon alliance.

DOM LOPE.

Par-là mille diable, tu voudrois m'y forcer.

CRESPO.

Non, Monsieur ; prenez tout mon bien ; je vous
le donne. Je fais plus ; en voici la donation signée
de mon fils & de moi. (*Il prend la donation sur
la table, & la remet à Dom Lope, qui, pendant
cette tirade, pour cacher son embarras, le parcourt,
& l'écoute alternativement.*) Elle n'est point à dédaigner ; mais, après l'affront que votre fils m'a fait,
vous voulez, ou vous ne voulez pas me rendre justice. Si vous ne me la faites pas, je me la rendrai
à moi-même.

DOM LOPE.

A toi-même.

CRESPO.

Oui, Dom Lope, j'ose vous supplier de ne pas
m'interrompre, & de me prêter la plus grande at-
tention. (*Ici Dom Lope cesse de lire, & l'écoute.*)
Comme Alcalde, je suis maître de la vie de votre
fils, & malgré toute votre puissance, maître de vous
le rendre, après justice faite. Mais j'ai vu Dom
Louis ; l'aveu de son tort, la passion que ma fille
lui a inspirée ; sa volonté entiere de réparer sa faute,

si vous y consentez, un principe en moi de me pas violer les loix de l'hospitalité vis-a-vis de vous, comme il les a violées vis-à-vis de moi, l'envie peut-être de faire une belle action, tout m'invite à vous rendre votre fils sain & sauf. Je n'ignore pas que je deviens un Juge prévaricateur, que le public qui m'examine, me soupçonnera d'avoir troqué l'honneur de ma fille contre des offres pécuniaires; que mon cœur, Dieu le sçait, rejetteroit avec indignation, si on osoit me les proposer. C'est pour cela même que, d'accord avec mon fils, je vous ai remis cette donnation. Vous & Dom Louis jouissez-en sans remords, si vous le pouvez. (*Il prend un ton grave*) à l'instant où votre fils vous sera remis, mon fils plonge son épée dans le sein de sa sœur pour venger notre honneur, & nous nous tuons l'un & l'autre, autant pour nous laver de cet affront, que pour vous éviter la vue de deux malheureux qui vous reprocheroient sans cesse votre dureté.

DOM LOPE, *interdit.*

Mais... hernidié... tu me fais trembler, moi. Il faudroit donc que je tuasse mon fils.

CRESPO, *avec la plus grande chaleur.*

Ce n'est pas, Monsieur, pour vous attendrir, ou vous arracher un consentement forcé. Nous ne voulons pas devoir à la pitié ce que vous devez à la justice. Votre probité & votre droiture en seront les Juges dans votre cœur. Si je me tue, je ne ferai que me punir de la foiblesse que j'aurai eue de vous rendre votre fils, & d'avoir trop aisément compté vous amener à la seule réparation possible, en lui faisant épouser ma fille. (*Il se recueille pour attendre la réponse de Dom Lope, qui reste indécis.*) Crespo élevant la voix. Juan rendez Dom Louis.

SCENE DERNIERE.

DOM LOPE, DOM LOUIS, CRESPO, JUAN, ISABELLE.

(*Les deux portes s'ouvrent : on voit Juan prêt à percer Isabelle, Crespo tire son poignard prêt à percer son fils.*)

ISABELLE.

Vengez-vous sur moi de mon déshonneur.

DOM LOUIS, *le bras en écharpe, courant à son pere, & se jettant à genoux au milieux du Théâtre.*

Ah ! mon pere, laissez-vous toucher. Je meurs de

honte. Ces braves gens vont périr. Confentez à faire mon bonheur.

DOM LOPE, *se levant & tirant son épée.*

Mille coquins pour un ! Vois-tu ce que tu me coûte ? (*Il fait deux pas pour le percer : Dom Louis l'attend.*)

CRESPO, *toujours dans la même attitude.*

Sa mort ne vous dégageroit pas. Donnez votre confentement , ou , à l'inftant, la nôtre va nous affranchir de tous vos reproches.

ISABELLE.

Mon pere , que je fois la feule victime. Confervez vos jours ; je pardonne à Dom Louis.

DOM LOUIS, *toujours à genoux.*

Mon pere... mon pere , prenez pitié de mon défefpoir. Ifabelle peut feule me rendre heureux.

DOM LOPE , *reffé immobile , l'épée dans une main , la donation dans l'autre.*

Ce diable d'homme le feroit comme il le dit... (*Il jette la donation à Crefpo.*) Voilà ta donation. Je n'en veux morbleu pas à pareil prix. Es-tu un enragé ?

CRESPO.

Non , je fuis un homme.

DOM LOPE.

Tu m'éclaires , Crefpo : je te donne mon confentement. (*Ils remettent leurs épées dans leurs foureaux, & s'avancent fur le devant du Théâtre.*) Tu m'as tout ému. Apparemment que ce font-là les vrais principes de l'honneur. (*A Dom Louis.*) Dom Louis, tu as erré ; c'eft ma faute. Epoufe Ifabelle ; la fille d'un fi brave homme ne peut que donner des vertus de plus à notre race.

DOM LOUIS, *se relevant*

Ah ! mon pere , vous me rendez la vie. Je ne rougirai jamais de tels parens. (*Il va rechercher Ifabelle.*) Belle Ifabelle , me pardonnez-vous ? (*Ifabelle se jette aux genoux de Dom Lope qui la releve, & qui l'embraffe.*)

DOM LOPE.

Ma belle enfant , vous n'avez qu'à vous montrer, pour que tout le monde lui pardonne.. (*Ifabelle donne fa main à Dom Louis qui la baife.*)

ISABELLE.

Si je reviens , Meffieurs , de la mort à la vie ; c'eft pour fentir le prix de vos bontés. (*Crefpo s'approche refpectueufement de Dom Lope, & de Dom Louis.*)

CRESPO.

Actuellement que votre générofité vient d'effacer mon outrage & combler nos veux , fouffrez que , pour l'honneur d'une telle alliance je lui donne en dot cinquante mille piaftres.

DOM LOPE.

Corbleu , tu es donc bien riche ?

CRESPO.

C'eſt le bien de mes peres, augmenté par mon écono-
mie & mon bonheur. Juan en aura toujours aſſez,
puiſque nous reſtons ici.

DOM LOPE.

Je ne comptois pas, morbleu, marier mon fils ſi-tôt

CRESPO.

Et moi donner à ma fille une ſi forte dot.

DOM LOPE.

Ton fils m'appartient ; pourquoi ne me le pas rendre ?

CRESPO.

Je prétends le punir du malheur qu'il a eu de bleſſer
ſon Officier.

DOM LOUIS, *prenant la main de Juan.*

C'eſt à lui que je dois mon bonheur.

DOM LOPE.

Tu en as aſſez fait. Rends le moi. Morbleu, j'en
aurai ſoin comme du beau-frere de mon fils.

CRESPO.

J'y conſens, le voici.

FIN.

On trouve à Avignon, chez les Freres, Bonnet, Imprimeurs, Libraires, vis-à-vis le Puits des Bœufs, un assortiment de Pieces de Théâtre, imprimées dans le même goût.

www.ingramcontent.com/pod-product-compliance
Lightning Source LLC
LaVergne TN
LVHW022127080426
835511LV00007B/1060